예술+사회과학 융합교육

박물관 옆 사회교실

예술+사회과학 융합교육

박물관 옆 사회교실

이두현·김선아·권미혜·박남범·김태호·윤창희·이준희·조정은·임선린 지음
경기도책공작소 독서기반교육연구회 기획 전국사회과교과연구회 감수

살림Friends

이 책을 읽는 독자에게

여러분들은 박물관을 생각하면 어떤 느낌인가요?

여기 아주 특별하고 즐겁게 여러분을 박물관 여행으로 초대해 줄 책을 소개합니다. 지식에 배고픈 자에게 박물관은 뷔페와 같습니다. 박물관에는 어떤 다양한 음식이 차려져 있을까요? 『박물관 옆 사회교실』을 읽어보면 박물관이 얼마나 재미있고 흥미로운 곳인지 이해하실 거예요. 뷔페에 다양한 음식코너가 있듯 박물관에도 시대, 지역, 분야별로 다양한 코너가 있고, 친절한 설명도 곁들여 있습니다.

다만 설명이 짧아 역사적 사실의 연결고리를 찾거나 사회문화적 특성까지 확장된 지식을 습득하고자 한다면, 별도의 공부가 필요합니다. 진수성찬이 차려져 있지만 각각의 음식에 대한 구체적 설명이 부재하고, 배고픔을 참지 못해 과식을 하면 소화가 힘든 것처럼 박물관도 설명의 부족으로 인한 답답함과, 많은 유물을 보게 되면서 머릿속이 뒤죽박죽되어 소화가 되지 않는 듯한 느낌이 드는 경우가 있습니다.

이 책은 그러한 답답함을 해소해 줄 '소화제'로서 세계 곳곳에 있는 박물관을 한 권의 책으로 옮겨 놓았습니다. 지식의 폭을 넓히고 역사적 연결고리에 대한 팁을 습득하는 데 이 책은 좋은 기회를 제공해 줄 것입니다. 박물관 층마다 시대별로 문화재가 보관되어 있는 것처럼 시대 순에 따라 세계의 다양한 역사와 문화를 설명하고 있어, 그 시대를 웅변하고 있는 아름답고 소중한 역사를 쉽게 이해할 수 있습니다.

여러분들은 책장을 넘기면서 당면한 역사적 사실들을 표현하거나 시대상을 함축적으로 보여주는 미술과 건축 및 조형예술이 그 시대를 살아가는 사람들에게 언어로 표현할 수 없는 강력한 소통 도구였음을 깨닫게 될 것입니다.

그렇다면 박물관은 언제 만들어졌을까요? 세계 최초의 박물관은 기원전 280년 고대 이집트 알렉산드리아에 세워진 무세이온으로 알려져 있습니다. 당시의 박물관은 지금처럼 다양한 유적과 유물을 전시하는 기능보다는 각종 수집품과 도서를 통해 과학과 문학, 철학을 연구하는 학술 연구 기관의 성격이 강했습니다. 중세에 들어오면서 박물관은 종교시설이나 대부호였던 귀족들의 전유물이 되었다가 산업혁명 이후 영국의회가 박물관령(1845년)을 공포하고, 세계만국박람회가 개최(1851년)되면서 고고학적 자료와 역사적 유물 및 학술적 자료를 수집하고 전시하는 자리로 거듭나게 되어 지금에 이르렀습니다.

여러분!! 우리 박물관을 통해 사회교실을 열어 수업을 시작해 볼까요? 사회과학이란 단어를 많이 들어보긴 했지만 사회과학이 어떤 학문인지 잘 모르는 학생들이 많습니다. 사회과학은 인간 사회의 여러 현상을 과학적이고 체계적으로 연구하는 경험 과학, 즉 실제로 경험할 수 있는 사실을 대상으로 하는 과학입니다. 사회과학 분야에는 인류학, 경제학, 역사학, 심리학, 정치학, 법학, 지리학 등이 있으며, 응용사회과학 분야에는 경영학, 행정학, 문헌정보학, 고고학 등이 있습니다.

인간과 인간 사이에서 벌어지는 사회 현상을 탐구하고, 경험적 지식 체계를 구축하여 규칙성을 발견하고 연구하는 사회과학은 인간이 만들어 놓은 사회를 구성하는 모든 체계를 그 대상으로 합니다. 이 책은 각각 독립되어 있으면서도 연관될 수밖에 없는 박물관과 사회과학을 하나의 시험관에 혼합함으로써 나타나는 화학적 반응의 결과물입니다. 서로 떨어져 각각의 입장에서 바라보는 시각을 융합하면 어떤 현상으로 변화하고, 변화된 상은 우리에게 어떤 모습으로 보이는지 찾는 과정입니다.

사실 박물관과 사회과학은 따로 존재하는 것이 아닙니다. 축적된 역사 안에는 인류의 변화와 발전에 대한 도전의 그림자, 즉 정치, 경제, 사회, 문화가 있고, 그것을 한 장소에 모아 놓은 박물관은 인류 역사의 '용광로' 같은 곳입니다. 시대상을 대표하는 문학과 예술 그리고 당시의 인간들 사이에서 벌어졌던 많은 사회현상은 기차의 두 바퀴처럼 동일하게 굴러가며, 역사의 시간표에 흔적을 남겨왔습니다. 사회현상과 역사에 초점을 맞추고 시대의 기록인 박물관의 자료를 가미하여 시간의 흐름에 따라 서술한 이유가 그 때문입니다.

시대를 대표하는 다양한 작품과 건축물 및 조형물을 선보임으로써 박물관이라는 창을 통해 바라본 역사는 무엇을 말하고 있고, 역사적 기록물을 보며 그 시대를 살아갔던 역사적 인물들은 어떤 선택을 했는지, 그것들을 통해 현대를 살아가는 우리에게 무엇을 알려주고자 하는지 찾아보는 시간을 갖고자 하였습니다. 박물관+사회과학의 융합이 다소 파괴적이고 생소할 수 있지만 틀을 깨는 새로운 도전은 새로운 역사를 만들 것이라 생각합니다.

박물관에 있는 맑은 창과 역사라는 거울 속에 비친 모습을 사회과학적 시각을 통해 보면서, 불의 기원과 인류의 진화부터 세계대전과 냉전 그리고 통합에 이르기까지 인류가 걸어온 세계로 뚜벅뚜벅 걸어 들어가 보는 것은 어떨까요?

이 도서를 집필하고 출간하는 시간 동안 적지 않은 어려움들이 있었습니다. 그럼에도 저희 집필진은 자료를 수집하고, 사진을 검토하며, 작은 오류 하나라도 생기지 않도록 정성을 다해 노력했습니다. 뒤돌아보면 박물관과 사회과학의 융합이라는 새로운 도전을 통해 융합교육의 한계와 가능성을 동시에 맛본 시간이었습니다. 지금의 것이 완성이라 생각하지 않고 한계의 벽을 넘는 도전을 계속한다면 융합이라는 가능성의 틀을 더 확장시키는 기회가 될 것으로 기대합니다.

저자 일동

차례

1 교시

불의 기원과
인류의 진화

과연 인류는 어디에서 왔을까? 그 답을 찾아 박물관 속으로 여행을 떠나 본다. 뉴욕 역사 박물관에서는 아프리카 케냐에서 온 투르카나 소년을 만나 가족들과 어떻게 살 았는지 질문을 던져본다. 아디스아바바 국립 박물관에서는 에티오피아에서 온 현생 인류 이달투를 만난다. 자신들이 얼마나 뛰어난 사고 능력을 지녔는지, 어디까지 진 출했는지를 묻는다. 그리고 파리 인류 박물관에서 크로마뇽인을 만나 동굴 속에 남 긴 여러 그림에 대해 질문을 던져 본다. 그 속에서 크로마뇽인들의 슬기롭고 지혜로 운 생활 방식을 깨닫게 된다.

뉴욕 역사 박물관에서 만난 투르카나 소년

└ 투르카나 소년, 그는 누구인가?

아프리카 케냐의 투르카나(Turkana) 호수 서쪽 연안의 한 소년. 키
160cm, 몸무게 35kg, 나이는 9~10세 정도다. 몸에는 털이 거의 없
고, 강한 햇볕에 많아진 멜라닌 색소 때문인지 피부는 유난히도 검
다. 소년의 가족과 다른 가족이 함께 무리 지어 호수 주변의 숲에서
산다. 성인 남자들은 키가 무려 180cm, 몸무게는 70kg 정도로 체격
이 좋다. 그리고 이들은 누구보다 영리하고 민첩해 동물들을 사냥
하며 육식을 즐긴다. 사자나 늑대 무리도 이들 무리를 보는 순간
피하고 만다. 이 세상 어느 부족도 이들의 용맹함은 따라올 수 없을
정도다.

지금 이 투르카나의 소년을 만나러 함께 여행을 떠나보자. 그런
데 소년은 아프리카 케냐의 투르카나가 아닌 미국 뉴욕의 역사 박

물관에 있다. 여행을 온 것도, 이민을 온 것도 아니다. 소년의 정식 이름은 KNM-WT 15,000, 약 150만 년 전의 화석이다.

두개골의 용적은 침팬지의 400cc 보다 두 배 이상 큰 약 900cc 정도로 1,400cc인 현 인류에 비해서는 적지만 당시로서는 엄청난 뇌의 용량이다. 간단한 언어를 사용했고, 이를 통해 정보를 전달할 수 있었다. 또한 돌을 이용해 주먹도끼와 찌르개 등의 도구를 만들어 사용했고, 사냥이 가능했다.

몸은 현생 인류와 비슷했다. 어린 나이임에도 160cm 정도의 키로, 성장 속도는 지금보다 빨랐다. 넓적한 얼굴에 눈두덩이는 두툼했다. 팔보다 다리가 길었고, 허리를 편 상태로 서서 걸어 다녔다. 직립보행이 가능했기 때문에 빠르게 달릴 수 있었다. 털이 없어지고 그 부위가 피부가 되면서 땀 배출이 용이해지고 사냥을 위해 장거리로 달

투르카나 소년, 뉴욕 역사 박물관

리는 것도 가능해졌다. 또한 육식을 즐겼기에 현재 인류보다 어금니가 훨씬 더 컸다. 물론 시간이 흐르면서 전체 치아는 점차 작아졌다. 이들이 바로 인류의 조상인 호모 에렉투스(Homo Erectus)이다.

∟ 곧선사람, 호모 에렉투스

네덜란드 해부학자 뒤부아(Eugène Dubois, 1858~1940)는 1891년 인도네시아 자바섬 솔로강 유역의 트리닐(Trinil)에서 몇 개의 화석을 발견하였다. 머리뼈와 넓적다리뼈, 그리고 이빨 화석이었다. 원숭이와 비슷한 형태이기는 했지만 다리뼈가 직립 보행에 적합했다. 이것이 바로 최초의 직립 원인, 호모 에렉투스다.

아프리카를 떠난 최초의 인류인 호모 에렉투스(Homo Erectus)는 '허리를 세운 사람'이라는 의미로 붙여진 학명이다. 현생 인류의 조상인 호모 사피엔스의 직계 조상으로 흔히 '직립 원인' 또는 '곧선사람'으로 불린다. 물론 두 발로 서서 도구를 사용했던 것은 그 이전부터였다.

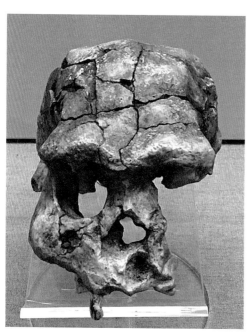

자바원인, 산기란 유인원 박물관

약 500만 년 전 인류의 첫 조상으로 불리는 오스트랄로피테쿠스(남쪽 원숭이, Australopithecus)도, 신생대 플라이스토세 빙하기가 지난 약 240만 년 전 호모(Homo)로 불리는 첫 인류가 등장한 호모 하빌리스(Homo habilis, 능력 있는 사람)도 모두 손을 사용하였다. 특히 호모 하빌리스는 키 1m 30cm, 몸무게 40Kg 정도로 작고 왜소했지만 자유로워진 손으로 최초로 석기를 사용하였다. 등이 굽었던 호모 하빌리스와 달리 완전한 직립 원인이었던 호모 에렉투스는 발전된 도구를 사용하였다. 이들은 약 170만 년 전 아프리카에 출현하여 약 10만 년까지 아프리카를 비롯해 유럽과 중앙아시아를 지나 인도네시아와 시베리아까지 진출하였다.

인도네시아 자바섬에서 발견된 자바 원인을 비롯해, 중국의 베이징 원인, 유럽의 하이델베르크인 등이 모두 호모 에렉투스다. 자바 원인과 함께 호모 에렉투스를 대표하는 베이징 원인은 1927년 중국 베이징 서남부 저우커우뎬의 석회암 지대에서 발견되었다. 약 70만~20만 년 전 살았던 것으로 알려진 이들은 무리를 지어 공동 생활을 하였다.

하이델베르크인은 1908년 독일 하이델베르크 근교 마우어에서 발견되었다. 아프리카, 프랑스, 독일, 스페인, 중국 등에서 화석이 발견된 것으로 보아 아프리카에서 기원하여 유럽과 아시아 등지로 퍼져 나간 것으로 보인다. 약 60만 년 전부터 시작하여 약 10만 년 전까지 생존했다. 키 180cm, 몸무게 약 100kg의 건장한 체격을 갖추었다. 심지어 남아프리카에서 발견된 화석을 보면 이들의 키가 무려 210cm까지 자랐던 것으로 추정된다.

호모 에렉투스, 두 발로 설 수 있다는 것은 인류에게는 위대한 도약이었다. 민첩하게 두 발로 걷는 것을 넘어 두 손을 자유롭게 사용할 수 있게 되었기 때문이다. 두개골의 용적은 1,000cc 정도로 자유로워진 두 손을 이용에 뗀석기를 만들어냈다. 간단한 언어를 사용해 정보를 전달하게 되면서 이들이 사용했던 도구들은 시간이 지나면서 더욱 정교해졌다. 채집을 넘어 무리 지어 다니며 매머드와 같은 큰 짐승도 사냥할 수 있게 되었다. 육식을 통한 단백질 섭취로 뇌의 용량은 더욱 커졌다.

└ 불의 사용이 인류에게 남긴 것은?

갑자기 어두워진 하늘, 두두둥 두두둥 쾅! 쾅! 번개가 내리친다. 원인들은 무서운 기운에 숲과 동굴로 몸을 피한다. 숲은 불꽃이 튀면서 화염이 덮친다. 피할 곳을 찾지 못한 동물들이 이리저리 날뛴다. 그나마 비가 내리면서 불은 금세 잦아들고 만다. 일찍 불을 피했던 원인들은 다시 먹을거리를 찾아 동굴 밖으로 나간다. 먹을 것을 구하지 못해 화염 속에서 구워진 동물들의 잔해를 들고 나눠 먹는 순간 새로운 맛을 느끼게 된다. 더군다나 질기지 않아 물어뜯기도 쉬웠다. 무섭게만 느껴졌던 작은 불씨는 따뜻하기만 하다.

화로와 재가 쌓인 층, 그리고 불에 탄 동물의 뼈……. 베이징 원인 화석이 발견되면서 부산물로 함께 발견된 것들이다. 베이징 원인, 즉 호모 에렉투스는 불을 사용했다. 불의 사용은 인류에게 있어서 가장 혁명적인 사건 중의 하나였다.

불의 발견

석기와 함께 불로 위협을 가하면서 맹수와 맞설 수 있게 되었다. 멧돼지나 사슴과 같은 비교적 작은 동물들을 사냥했던 호모 에렉투스는 점차 코뿔소, 들소, 곰 등 큰 동물을 사냥할 수 있게 되었고, 지구에서 제일 위의 포식자가 되었다. 그들은 수많은 실패를 거듭하면서 불을 피우고 유지할 수 있는 방법을 깨닫게 되었다.

불로 날것을 익혀 먹게 되면서 고기를 뜯는 부담이나 소화 부담도 줄어들었다. 치아는 작아지고, 턱관절도 줄어들었으며, 반대로 뇌의 용량은 커졌다. 그뿐만 아니라 불은 몸을 따뜻하게 해줘 추위도 피할 수 있었다. 더운 곳에서만 살았던 인류가 아프리카를 떠날 수 있었던 이유도 바로 불 때문이었다.

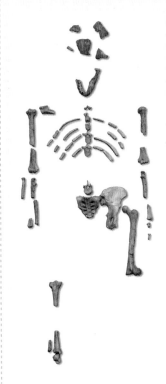

루시, 아디스아바바 국립 박물관

키 약 107cm, 몸무게 약 28kg. 이 화석의 주인공은 루시(Lucy)이다. 여리여리해 보이는 루시의 실제 나이는 약 25세로 지금으로 보면 어엿한 숙녀다. 그녀는 1974년 도널드 요한슨을 단장으로 한 고고학 발굴 팀이 에티오피아의 하다에서 발견한 인류 최초의 원인이다. 이 화석의 정식 명칭은 'AL288-1'이지만, 발굴 후 팀원들이 함께 라디오에서 흘러나오던 비틀즈(The Beatles)의 〈루시 인 더 스카이 위드 다이아몬즈(Lucy in the Sky with Diamonds)〉를 듣게 되면서 '루시'라는 애칭이 붙게 되었다. 학명은 오스트랄로피테쿠스 아파렌시스(Australopithecus afarensis)로 우리가 흔히 인류의 첫 시작으로 부르는 오스트랄로피테쿠스다. 약 320만 년 전에 살았던 것으로 밝혀진 그녀는 원시 인류가 출현했음을 추정하는 데 있어서 결정적인 역할을 했다. 인류가 그녀의 탄생보다 적어도 50만 년 정도 앞선 370만 년 전부터 아프리카의 에티오피아와 탄자니아 일대에서 출현했던 것으로 보인다. 침팬지와 비슷하게 구부정하고 팔이 길었던 루시, 하지만 그녀는 침팬지와는 달랐다. 발바닥은 체중이 골고루 분산되어 어느 정도 똑바로 서서 두 다리로 오래 걸을 수 있었고, 발가락과 손가락의 배열이 지금의 인류와 비슷했다. 골반의 형태도 지금의 인간과 닮았다.

최근에는 380만 년 전 살았던 것으로 추정되는 성인 남성 인류의 두개골 화석이 발견되었다. 이 화석은 오스트랄로피테쿠스 아파렌시스, 즉 '루시' 이전의 인류인 오스트랄로피테쿠스 아나멘시스(Australopithecus anamensis)로 밝혀졌다. 적어도 인류는 이제 약 400만 년을 훌쩍 뛰어넘어 그 이전부터 시작되었을 것으로 추정되고 있다.

아디스아바바 국립 박물관에서
만난 슬기로운 사람들

ㄴ 유럽의 추위를 견뎌냈던 네안데르탈인

폭풍우와 악천후가 지속되는 날이 많았던 25만 년 전 유럽, 이런 추위를 견디며 살았던 인류가 있다. 바로 유럽에 진출했던 호모 에렉투스가 추위에 적응하면서 진화된 네안데르탈인이다. 독일 뒤셀도르프 인근 네안데르탈(Neanderthal)에서 발견되어 붙여진 이름이다. 네안데르(Neander)는 지명, 탈(thal)은 계곡을 뜻하는 말로, 네안데르의 계곡에서 발견된 인간이 네안데르탈인인 것이다. 이들은 유럽뿐만 아니라 중동, 중앙아시아 등 광범위한 지역에 살면서 각 지역의 기후에 적응해갔다. 수만 년에 걸쳐 몸도 새롭게 진화되었다. 일단 추운 날씨 때문에 코가 커졌다. 들이마시는 숨이 몸을 따뜻하게 하는 기능을 했다. 추위에 견디도록 체형은 작아졌지만 근육이 매우 발달했고 뇌의 용량은 1,500cc로 지금의 인간보다 컸다.

네안데르탈인은 주로 동굴이나 그 주변에 살았다. 불을 잘 다뤄 부싯돌로 불을 피웠고 사슴, 순록, 말뿐만 아니라 거대한 코끼리까지 사냥하였을 정도로 사냥 능력 또한 뛰어났다. 사냥 도구도 수만 년이 지나면서 점차 세밀하고 정교해졌다. 찌르개를 비롯해 긁개, 돌날 등의 다양한 도구를 사용하였다. 특히 돌로 쳐서 쪼개거나 갈면 예리한 사냥 도구가 되는 흑요석(黑曜石, obsidian)을 주로 사용하였다. 사냥

후 동물 고기는 먹고 뼈는 장신구를 만들었으며, 가죽은 옷을 만들어 입었다. 발견된 화석에서 앞니가 많이 닳았던 것도 동물의 가죽을 손질할 때 석기와 함께 사용했기 때문이다. 해안가에 사는 네안데르탈인은 수영에 능했고, 바다로 들어가 잠수를 해 조개도 채취하였다.

약 15만 년 전부터 아프리카를 떠난 호모 사피엔스가 중동과 유럽, 아시아로 이동하면서 한동안은 두 인류가 함께 공존하기도 하였다. 이렇게 공존하면서 일부 지역에서는 두 인류가 만나 혼혈아를 낳기도 하였다. 하지만 약 2만 7천 년 이후 네안데르탈인들은 거의 모두 멸종하게 된다. 이후 네안데르탈인이 살았던 지역을 호모 사피엔스가 대체하게 되었다. 학자들은 두 인류가 공존하다 후기로 접어들어 경쟁으로 인해 네안데르탈인이 멸종하게 된 것으로 추정하고 있다. 다만 최근에는 질병과의 싸움에서 호모 사피엔스보다 면역력이 떨어졌다는 관점도 새롭게 등장하고 있다. 아직까지 멸종의 미궁 속에 있는 네안데르탈인, 그들은 과연 아예 멸종된 것일까? 아니면 지금 우리 DNA에 그 일부가 전달되었을까?

└ 최초의 현생 인류, 이달투(호모 사피엔스)

1997년 에티오피아(Ethiopia) 아파르(Afar)의 습지에서 성인 머리뼈 2개와 어린아이 머리뼈 1개가 발견되었다. 측정 결과 지금으로부터 약 16만 년 전 화석으로 밝혀졌다. 이 화석의 이름은 '이달투(idaltu)', 에티오피아 언어로 '조상'을 의미한다. 이달투는 호모 에렉투스에 비해 얼굴이 반듯해지고, 뇌의 용량은 약 1,450cc로 더욱 커졌다. 뼈와 함께 수백 점에 달하는 석기와 동물 뼈도 함께 발견되었다. 바로 호모 에렉투스 이후 출현한 호모 사피엔스(Homo sapiens)이다. 카를로스 린네(Carolus Linnaeus)에 의하여 이름 붙여진 호모 사피엔스는

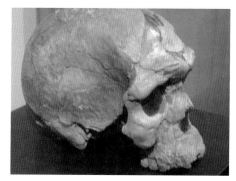

호모 사피엔스 이달투, 아디스아바바 국립 박물관

'슬기로운 사람'을 뜻한다. 본격적인 사고 능력이 있던 그들은 도구를 만드는 능력을 갖추어 석기 문화가 더욱 발달시킨 인간의 조상, 즉 최초의 현생 인류가 되었다.

당시까지 발견된 호모 사피엔스 화석은 10만 년 전 것이었는데 이달투로 인해 호모 사피엔스의 탄생은 20만 년 이전을 훨씬 뛰어넘게 되었다. 고고학자들은 적어도 40만 년 이전부터 호모 사피엔스가 아프리카에서 살았던 것으로 추정한다. 지금까지 발견된 여러 화석을 통해 턱과 이빨은 작아지고, 튀어나왔던 이마가 수직으로 바뀌었으며, 머리가 둥글어진 것을 확인할 수 있었다. 그들은 현생 인류답게 거의 완전에 가까운 직립 보행도 했다.

빙기가 찾아와 지금보다 해수면이 약 120m 정도 낮았던 15만 년 전부터 인류는 무리를 지어 여러 지역의 초원을 떠돌며 이동 생활을 했다. 이들은 약 10만 년 전 중동 지역으로 이동한 후 7만 년 전에는

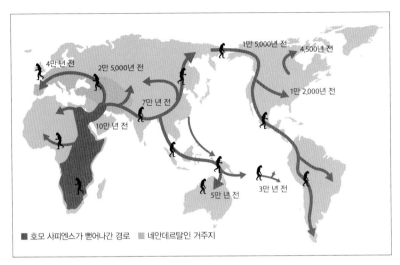

호모 사피엔스의 이동 경로

아시아로 이동하였다. 물론 최근에는 이보다 훨씬 앞선 약 20만 년 전부터 이들이 아프리카를 떠나 유럽으로, 약 10만 년 전 아시아 등지로 첫발을 내딛었다는 연구 결과도 발표되었다. 어쨌든 호모 사피엔스는 약 5만 년 전에는 호주, 약 4만 년 전에는 북유럽까지 이동하였다. 특히 호모 사피엔스는 북아메리카 등의 서반구로 최초로 이동한 인류였다. 시베리아 북동부와 알래스카 북서부가 연결되었던 약 만 5,000년 전 당시 이 육로를 넘어 북아메리카로, 만 년 전 남아메리카로 진출하게 되었다.

호모 사피엔스는 정복자이기도 했다. 먼저 기존에 있었던 아프리카의 호모 에렉투스를 멸종시켰고, 유럽과 아시아 등지로 퍼져나가면서 먼저 정착했던 네안데르탈인 또한 멸종시켰다. 상대적으로 무리의 규모가 컸던 요인도 있었지만 무엇보다 이들의 뛰어난 사고 능력이 기반이 되었다. 언어 전달 능력이 높아졌고 돌날을 사용하는 등 사냥 도구는 더욱 세밀하고 강해졌다. 특히 돌과 나무를 결합해 만든 여러 가지 도구는 인간의 지적 능력이 본격적으로 발휘된 것으로 호모 사피엔스의 세상이 왔음을 보여준다.

파리 인류 박물관에서 만난 크로마뇽인

∟ 손놀림이 좋아진 슬기슬기 사람들

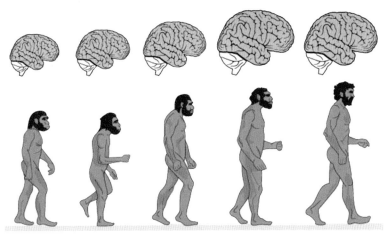

| 오스트랄로 피테쿠스 로부스투스 (약 200만 년 전) | 호모 하빌리스 (약 150만 년 전) | 호모 에렉투스 (약 100만 년 전) | 호모 사피엔스 네안데르탈렌시스 (약 13만 5,000년 전) | 호모 사피엔스 사피엔스 (약 4~5만 년 전) |

인류의 진화

약 13만 년 전 아프리카 에티오피아에서 오늘날과 비슷한 현생 인류가 새롭게 등장하였다. 이들이 바로 슬기슬기 사람, 호모 사피엔스 사피엔스이다. 7만 5,000년 전 인도네시아 수마트라의 토바 화산 폭발로 시작된 빙하기, 7만 년 전부터 지구의 마지막 빙하기가 시작되면서 지구 온도는 무려 5℃가 낮아지게 되었다. 이로 인해 수많은 식물이 고사하고, 동물과 원시 인류도 대부분 사라졌다. 당시 생존한 원시 인류와 현생 인류는 대략 만 명 남짓이었다.

호모 사피엔스 사피엔스가 아시아와 유럽으로 이주한 시기는 빙하기의 여파가 줄어들었던 약 4만 5,000년 이후였다. 그래도 여전히 지구의 기후는 만 년 전까지 변화무쌍했다. 서아시아에서는 4만 5,000년 전, 유럽에서는 4만 년 전부터 이들의 본격적인 활동이 진행되었다. 무서운 추위와 싸워 가면서 그들은 현생 인류가 되었다.

호모 사피엔스 사피엔스는 아프리카를 떠나 아라비아반도, 중앙아시아와 중국, 인도차이나반도로 이동하면서 키가 점점 작아졌다. 사냥과 채집 생활을 하던 이들이 점차 육류 섭취가 줄어들면서 작아진 것으로 보인다. 아프리카에 남아있던 호모 사피엔스 사피엔스도 건조한 기후에 효율적으로 적응해가면서 점차 키가 줄어들었다. 반면 유럽에서는 순록과 같은 동물들의 사냥으로 인해으로 키가 점차 커졌다.

일부는 아프리카에 남아 흑인종의 조상이 되었고, 일부는 호모 에렉투스나 호모 사피엔스가 그랬던 것처럼 아프리카를 떠나 전 세계로 퍼져나갔다. 새롭게 정착한 지역에서 기존에 정착했던 인류와 유전자를 나누기도 하고, 그들을 대체하면서 현생 인류의 조상이 된 것이다. 일찍이 인도네시아에 정착했던 자바 원인과 중국에 정착했던 베이징 원인 등 아시아에 먼저 정착해 살면서 진화된 호모 에렉투스 와도 유전자를 나누며 이들은 황인종의 조상이 되었다. 후기 구석기 시대의 끝 무렵인 만 년 전까지 인류는 북유럽이나 시베리아 북미 등

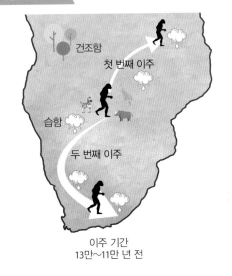

칼라하리 사막에서 인류가 출현했다?

아프리카 남부 칼라하리는 보츠와나의 북부와 나미비아와 짐바브웨 국경을 아우르는 지역이다. 대부분의 지형이 사막으로 인간이 살기에는 불가능한 지역이다. 그런데 최근 호모 사피엔스 사피엔스에 관한 연구에서 약 17만 5,000년 전 칼라하리 일대에서 이들이 출현했다는 추정이 나왔다. 기후 정보와 해양 퇴적물 등을 분석한 결과 20만 년 전부터 13만 년 전까지 칼라하리 일대에 대규모 습지가 형성되었으며, 그 주변에 인류가 살았다는 내용이다. 태양과 달의 인력으로 지구 자전축이 회전하는 세차 운동으로 주기적으로 기후가 변화되었다는 것이다. 그리고 이로 인해 약 13만 년 전 지구 궤도와 태양 복사로 인해 북동쪽으로 강수와 식생이 증가하면서 이주가 진행되었고, 일부는 약 2만 년 전 남서쪽의 초지대로 이동했다는 추정이다.

건조함

첫 번째 이주

습함

두 번째 이주

이주 기간
13만~11만 년 전

현생 인류의 발생지로 밝혀진 칼라하리

의 툰드라 기후에서도 순록을 사냥하고 가죽 옷으로 체온을 유지하면서 빙하기 기후에도 적응해나갔다.

└ 오리냐크 문화를 이끈 크로마뇽인

약 3만 년 전 프랑스 남부 오리냐크(Aurignac)에 살던 인류는 수렵 및 채집을 하며 무리 생활을 하였다. 날카로운 뼈의 날과 뾰족한 촉으로 만든 사냥 도구로 곰과 사슴, 들소 등을 사냥하였다. 심지어 소라 껍질이나 여우, 영양, 코끼리 등의 뼈로 목걸이, 팔찌 등의 장신구를 만들고, 동물의 뼈로 플루트와 비슷한 악기를 만들어 소리를 냈다.

라스코 동굴 벽화

이와 같이 돌칼은 더욱 섬세해지고, 뼈로 만든 창끝과 뼈바늘은 정교해졌으며, 다양한 장식품이 만들어진 이 문화를 오리냐크 문화라고 한다.

프랑스 남부의 쇼베(Chauvet) 동굴에도 오리냐크 문화의 흔적이 남아 있다. 그들은 붉은빛의 돌과 나무를 태운 숯으로 동굴에 코뿔소, 사자, 물소, 표범, 사슴 등 300마리가 넘는 동물들을 그려 넣었다. 1940년 제2차 세계대전 당시 프랑스 몽티냑 마을 소년들이 발견한 프랑스 남서부 라스코(Lascaux) 동굴에도 그 흔적이 남아 있다. 동굴에서는 들소, 말, 사슴, 염소 등의 동물과 사람 그림 약 800점이 발견되었다. 여러 가지 돌과 황토 등을 갈아 섞어서 붉은색, 흑색, 갈색 등 다양한 색을 표현했다. 벽화 크기가 5미터에 이를 정도로 거대하게 그려진 소는 정복의 대상이면서 동시에 숭배의 대상이기도 했다. 벽화에는 원시 시대 사냥의 성공과 풍요를 기원하는 주술적 의미가 가득 담겨 있다.

1879년 스페인 북부 칸타브리아주의 어린 소녀가 발견한 알타미라 동굴에도 약 만 5,000년 전, 후기 구석기 시대의 벽화가 남아 있다. 동굴 천장에는 매머드, 들소, 사슴 등 당시 사냥했던 동물들이 구체적으로 묘사되어 있다. 안료를 사용해 붉은색, 흑색, 보라색, 갈색 등의 여러 가지 색을 만들었다. 바위의 튀어나온 곳과 들어간 곳을 활용해 입체적인 효과도 살렸는데, 특히 동굴에 그려진 들소의 경우 수만 년 전의 그림이라고는 믿기 어려울 정도로 완성도가 뛰어나며 색도 바래지 않았다.

알타미라 동굴 벽화

　완벽한 들소 그림도 있지만 자신들이 사냥했던 흔적을 보여주는 상처 입은 들소 그림도 있었다. 정교한 세 곳의 동굴 벽화는 당시의 인류가 얼마나 지식이 있었는지, 예술적 감각이 있었는지 나타내준다. 더불어 당시 어떤 동물이 살고, 어떤 동물을 사냥했는지도 함께 보여준다. 이처럼 유럽에서 오리냐크 문화를 이끈 새로운 인류가 있다.

　1868년 프랑스 남서부 베제르 계곡에서 철도 공사 중 발견된 새로운 인류는 크로마뇽(Cro-Magnon)인이다. 당시 고인류학자인 루이 라르테(Louis Lartet, 1840~1899)가 이 지역을 추가 조사하여 레제지(Les Eyzies) 마을에서 남성 3구, 여성 1구, 어린아이 1구의 유골과 유적을 발견했다. 크로마뇽 동굴에서 발견되었다고 해서 붙여진 이름으로 현대 백인종의 직접적인 조상으로 알려져 있다.

화석 추정 결과 이들은 약 4만 년에서 만 년 사이, 후기 구석기 시대에 살았던 것으로 나타났다. 성인 남성의 키가 무려 180cm에 가까웠을 정도로 다른 지역의 호모 사피엔스 사피엔스보다 컸다. 특히 뇌 용량도 무려 1,600cc로 현대 유럽인과 비슷하거나 커서 직접 조상으로 주목을 받았다. 다른 종보다 근육 조직도 상당히 단단했던 것으로 보인다. 네안데르탈인에 비해 뛰어난 언어 능력과 수준 높은 문화 예술 능력을 갖추고 있었다. 당연히 무리의 유대감이 높고, 사냥 능력도 뛰어나 유럽의 새로운 지배자가 되었고, 네안데르탈인은 크로마뇽인이 유럽에 정착한 후 만 년 만에 사라지게 되었다.

∟ 빈 자연사 박물관에서 만난 비너스상

풍만한 육체에 커다란 젖가슴과 골반, 두툼한 허벅지, 구불구불한 머리에 얼굴은 거의 보이지 않는 조각상, 이 조각상의 이름은 '비너스'이다. 보통 비너스라고 하면 그리스 로마 신화에 등장하는 미

〈빌렌도르프의 비너스〉, 빈 자연사 박물관

와 사랑의 여신인 아프로디테를 조각한 '밀로의 비너스'를 떠올리지만 이 조각상은 전혀 다른 모습이다.

이 비너스는 1909년 오스트리아 다뉴브강 주변에서 철도 공사를 하던 중 발견되었다. 화석 분석 결과 약 2만 5,000년 전, 후기 구석기인들이 조각한 것으로 밝혀졌다. 유물 발굴 지역의 지명을 따서 〈빌렌도르프의 비너스(Venus of Willendorf)〉라고 이름 붙여졌다. 3만 년 전에서 2만 년 전까지의 크로마뇽인들 정착지에 나타나는 그라베트(Gravett) 문화의 산물이다. 오리냐크 문화와 거의 같은 시기에 등장한 그라베트 문화의 유물은 돌날을 2차 가공하여 더욱 날카롭게 만든 찌르개와 뿔로 만든 도구 등이다.

이 문화는 러시아 남부 지역을 중심으로 돈강과 다뉴브강 주변에 위치한 유럽의 황토 지대를 중심으로 형성되었다. 독일 남부와 프랑스, 에스파냐 등 오리냐크 문화 형성 지역에서도 나타난다. 원초적 예술 작품인 비너스가 각 지역에서 거의 비슷한 형태로 나타난다. 약 3만 5,000년 전으로 추정되는 홀레 펠스 비너스(Venus of Hohle Fels)*를 시작으로 2만 5,000년 전 빌렌도르프의 비너스(Venus of Willendorf), 2만 년 전 로셀 비너스(Venus of Laussel), 레스퓌그 비너스(Venus of Lespugue)까지 다양한 비너스가 발견되었다.

길이 11cm에 불과한 빌렌도르프의 비너스, 풍만한 가슴과 엉덩이 등 여성의 인체는 지나치게 왜곡되었다. 조각상에서 과장되게 표현한

---

* 그라베트 문화가 시작된 3만 년보다 5,000년이나 이른 시기로, 오리냐크 문화에서도 일부 비너스가 만들어졌을 것으로 추정된다.

부분들은 주로 생식과 관련된 부분이다. 따라서 당시 인물을 사실적으로 표현한 것이 아니라 출산을 기원하는 상징적인 주술의 도구로 사용되었던 것으로 보인다. 동물의 뼈나 돌, 점토 등의 다양한 재료로 만들어졌으며, 휴대하고 다녔을 정도로 무리의 생존과 장수를 기원하는 숭배의 대상으로 주술적인 의미가 컸음을 알 수 있다.

'호모 사피엔스'가 남긴 신조어

호모 사피엔스, 수만 년 전 탄생한 현생 인류를 의미하지만 현대 사회에서도 다양한 형태의 용어로 자주 등장한다. 손을 잘 사용했던 호모 하빌리스, 직립 보행을 했던 호모 에렉투스, 슬기로웠던 호모 사피엔스와 같이 '호모(homo)'는 사람속 학명으로 일반적으로 '균일함'이나 '동일함'을 나타내는 접두어로 사용된다. 가장 대표적으로 호모 루덴스, 호모 데우스와 같은 새로운 용어가 탄생하였다.

네덜란드의 문화사학자인 J. 하위징아(Johan Huizinga, 1872~1945)가 제창한 호모 루덴스는 '유희하는 사람' 또는 '놀이하는 사람'을 뜻한다. 이는 인간이 단순히 논다는 것이 아니라 미술, 음악, 무용, 문학 등 정신적인 창조 활동을 한다는 것을 의미한다. 미래학자 유발 하라리(Yuval Noah Harari, 1976~)가 제창한 호모 데우스는 신(Deus)이 된 인간을 지칭한다. 즉 유전공학, 인공지능, 나노기술을 이용하게 된 인간이 어떤 결정을 하는가에 따라서 천국 또는 지옥을 만들 수 있다는 것을 설명하는 개념이다. 이 외에도 호모 폴리티쿠스(정치적 인간), 호모 이코노미쿠스(경제적 인간), 호모 나이트쿠스(야행성 인간), 호모 코쿠엔스(요리하는 인간), 호모 디카쿠스(디지털 카메라를 사용하는 인간), 호모 모빌리쿠스(휴대폰을 사용하는 인간), 호모 텔레포니쿠스(전화하는 인간), 호모 로쿠엔스(언어적 인간) 등의 용어가 탄생하였다.

2
교시

문명의 발달과 사회

문명은 어떻게 발생했을까? 그 해답을 찾기 위해 4대 문명의 공통점을 살펴보고 4대 문명의 주요 박물관으로 떠나본다. 중국 4대 박물관에서 황허 문명을 만나 동아시아 문명의 발달 모습을 살펴보고, 루브르 박물관에서 함무라비 법전을 만나며, 메소포타미아 문명의 진면목을 살펴본다. 또한 카이로 이집트 박물관에서 이집트 문명의 역사와 유래, 의미를 알아보며 인도 뉴델리 국립박물관에서 인더스 문명의 특징을 살펴봄으로써 문명이 인류에게 주는 의미를 깨닫게 된다.

4대 문명 탄생 이야기

ㄴ 문명은 어떻게 발생했는가?

인류에게 문명은 어떤 의미인가? 문명의 발전은 곧 인류의 발전이며 문명은 인류의 새로운 시작임에는 틀림없다. 문명을 알면 과거와 현재, 미래가 보인다. 문명이 발생하게 된 요인은 여러 가지가 있지만 일반적으로는 농경의 발달과 청동기의 사용, 계급의 발생, 문자의 사용 등으로 인해 문명이 시작된 것으로 보인다.

관개 시설을 만들기 위해서는 개인보다는 대규모의 사람이 필요했고 이것은 곧 집단의 구성으로 이어졌다. 인류는 큰 강 유역의 비옥한 곳을 중심으로 모여 생활하고, 농작하여 식량을 얻게 되었으며, 서로 협력하게 되었다. 그리고 작은 도시들이 생겨나게 된다. 계급이 발생하고, 문자가 생기면서 곳곳에서 크고 작은 문명이 발생하였다.

└ 세계 4대 문명에는 공통점이 있다

인류 고대 문명의 원류로 알려져 있는 4대 문명은 메소포타미아 문명, 인더스 문명, 황허 문명, 이집트 문명이다. 각각의 문명에는 분명한 공통점이 있다. 그렇다면 많고 많은 지역 중 이곳에서 발생한 고대 문명들에는 어떤 특징이 있을까?

지리적으로 어떤 공통점이 있어 이 지역에서 대문명이 발생했는지 살펴본다면 문명이 인류에게 어떤 의미가 있는지 알 수 있고, 고대 문명의 역사적 의미 또한 파악할 수 있다. 우선 문명이 발생한 곳에는 강이 있다는 공통점이 있다. 메소포타미아 문명은 티그리스강과 유프라테스강, 이집트 문명은 나일강, 인더스 문명은 인더스강, 황허 문명은 황허강과 같이 큰 강을 끼고 발생했다. 강을 끼고 있다는 것은 인간이 살아가는 데 필요한 물을 쉽게 얻을 수 있으며, 농사나 관개 농업 등을 통해 식생활의 어려운 부분을 해결할 수 있기 때문에 꼭 필요한 입지적 조건이다.

또한 이 네 곳 모두 기후가 전체적으로 온화하고 토지는 비옥하여 고대의 농업 발달은 물론 인간이 생활하는 데 유리한 조건을 갖추고 있었다. 지나치게 춥거나 더워 기후가 매우 척박하다면 인류 집단은 이동을 시작했을 것이다. 이 외에도 이 문명들은 남반구가 아닌 북반구에서 발생했다는 공통점이 있다.

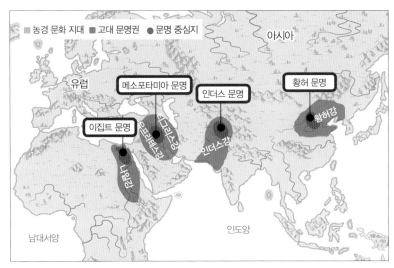

고대 문명과 농경 문화

황허 문명과 메소포타미아 문명

└ 중국 4대 박물관에서 만나는 고대 문명

중국의 4대 박물관은 북경의 고궁 박물관, 상해의 상해 박물관, 서안의 산시성 박물관, 정주에 있는 허난 박물관이다. 허난 박물관에는 황허 문명의 발원지인 허난성과 관련한 여러 귀중한 유물이 많이 있다.

중국 황허 하류 유역의 황토 지대에서 발생한 황허 문명은 기원전약 2000년경 발생했다. 양쯔강 문명과 더불어 중국의 고대 문명을 대표하는 황허 문명은 사막과 산맥으로 가로막힌 지형적 특징으로 인해 독자적으로 발전했다.

이 문명을 대표하는 유물로는 고대 황허 문명의 왕조였던 은나라의 갑골 문자가 있다. 이것은 현존하는 가장 오래된 문자이다. 현재까지 약 15만 개 이상의 갑골 문자가 발견되었는데 사진의 갑골 문자는 거북이의 배딱지와 짐승의 견갑골에 새겨있는 상형 문자의 형태이다. 거북이의 배딱지를 나타내는 갑자와 짐승의 견갑골을 표현한 골자를 합해 갑골문이라고 하는데 은허 지역에서 발견되어 은허 문자라고도 한다.

이 갑골 문자를 자세히 살펴보면 좌우 방향의 구분이 없고, 여러 낱말이 하나의 글자로 쓰이는 등 독특한 점이 발견된다. 갑골 문자는 당시 은나라의 정치, 군사, 문화 등 사회 모습 전반에 대한 연구와 고대문화 연구를 위한 역사적 사료로서 그 가치가 매우 높다. 갑골 문자는 중국의 박물관 곳곳에서 소장하고 있다.

황허 문명의 유물은 주로 산시성이나 허난성 인근에서 발견되었다. 특히 볍씨 화석이나 돼지 가축 모양의 토우, 동물 뼈 등이 발굴된 것으로 보

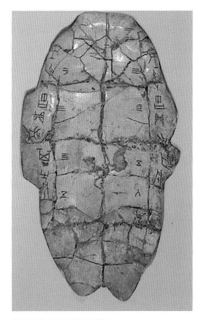

갑골 문자, 중국 국립 박물관

황허 문명은 동아시아 시대에서 가장 오래된 문명이자 각 지역에서 발생한 문명들을 상호 통합하고 흡수하여 중국 문명의 기틀을 마련하였다는 평을 받고 있다. 양쯔강 문명은 20세기 후반에 들어 황허 문명과 더불어 주목받고 있는 문명이다. 이 문명은 중국 대륙의 중앙부를 횡단하는 양쯔강 유역에서 발생한 중국의 고대 문명이다. 양쯔강 유역에서 옥기, 칠기, 자기, 청동기 유물 등 다수의 유물들이 발견되며 양쯔강 문명이 대두되고 있는 것이다. 기원전 5000년경 양쯔강 하류 지역에서 형성된 이 문명은 동아시아의 신석기 문화가 주변으로 확대되는 계기가 되기도 했다. 이에 최근에는 중국의 고대 문명을 황허 문명이라고 하기보다는 중국 문명으로 통칭하기도 한다.

아 문명의 시작에는 농경 문화가 밀접하게 연관되어 있으며, 황허의 하류에 위치한 상해 지역에서는 일찌감치 농경 문화가 시작되었음을 알 수 있다.

또한 사회의 계층화와 부계 사회로 전환되면서 황허 유역에는 하·상·주 등의 고대 국가가 출현하였다. 황허 문명의 유물 중 청동기 시대의 유물이 끊임없이 발굴된 것을 통해 계급이 존재하며, 권력을 행사한 누군가가 존재했음을 확인할 수 있다.

└ 메소포타미아 문명의 진면목

중동의 유프라테스강과 티그리스강 주변 지역에서 발생한 메소포타미아 문명은 가장 이른 시기에 시작된 문명으로 알려져 있다. 두 강 사이의 비옥한 삼각형 모양 지대인 메소포타미아는 알렉산드로스 대왕 이후부터 비옥한 초생달 지대로 불린다. 이 지역은 현재 이라크, 시리아, 쿠웨이트, 사우디아라비아, 이란, 터키의 일부가 포함된 곳이다. 기원전 40세기부터 문명이 발달하여 수메르 문명을 시작으로 여러 도시국가가 건설되었다. 이렇게 많은 민족의 정착지이자 여러 도시들이 형성되면서 관개 농업이 일찍 발달하는 등 사회는 급속하게 발달하였고, 다양한 문화가 복합적으로 나타나기 시작했다.

함무라비 법전, 루브르 박물관

기원전 1800년경 메소포타미아 지역을 최초로 통일한 바빌로니아는 전성기인 고대 바빌로니아 제1왕조 제6대왕이었던 함무라비가 재위하던 시절 함무라비 법전을 제정했다. 이 법전은 1901년 프랑스의 모르강이 지휘한 페르시아 탐험대가 발견하여 현재는 루브르 박물관에 소장되어 있으며, 카피본은 이스탄불 고고학 박물관에 전시되어 있다.

메소포타미아 문명은 정치, 경제, 사회 구조 면에서 발달된 모습을 나타내고 있다. 그뿐만 아니라 주변 국가들에 미친 문화적 영향과 후세에 남긴 영향력 등 그 파급 효과는 세계사적으로 매우 큰 의미가

함무라비 전문

- 어떤 사람이 다른 사람의 땅에 있는 나무를 베었다면 그에 대해 변상해주어야 한다.
- 어떤 사람이 자신의 논에 물을 대려고 하다 부주의한 사고로 다른 사람의 논에 물이 차게 만들었다면 그는 자신이 망가뜨린 곡식에 대해 변상해주어야 한다.
- 어떤 사람이 자신의 아들을 쫓아내고 싶다면 먼저 재판관 앞에 가서 "더 이상 내 아들과 함께 집에서 살 수 없습니다"라고 말해야 한다. 재판관은 그 이유를 살펴보고 합당하지 않으면 아들을 내쫓을 수 없다.
- 아들이 아버지에게 못된 짓을 했다면 처음에는 아버지가 용서해주지만 두 번째로 나쁜 짓을 하면 아들을 내쫓을 수 있다.
- 도둑이 소나 양, 당나귀, 돼지, 염소 중 하나라도 훔쳤다면 그 값의 열 배로 보상해주어야 한다. 도둑이 보상해줄 돈이 없다면 사형 당할 것이다.
- 눈에는 눈, 이에는 이. 어떤 사람이 다른 사람의 눈을 멀게 했다면 그 자신의 눈알을 뺄 것이다. 그가 다른 사람의 이를 부러뜨렸다면 그의 이도 부러뜨릴 것이다. 그가 다른 사람의 뼈를 부러뜨렸다면 그의 뼈도 부러뜨릴 것이다.
- 의사가 환자를 수술하다가 환자가 죽게 되었다면 의사의 손은 잘릴 것이다.
- 건축가가 집을 지었는데 그 집이 무너져 주인이 죽임을 당하면 건축가는 사형에 처한다.
- 만약 집주인의 일가족이 죽었을 경우에는 목수의 가족 중 해당되는 이가 죽어야 한다.
- 강도가 어떤 집에 구멍을 뚫고 들어가 물건을 훔쳤다면 그 구멍 앞에서 죽음을 당할 것이다.
- 만약 어떤 사람을 사형에 처할 만하다고 하여 고소하고도 이것을 입증할 수 없다면, 고소한 자를 사형에 처한다.
- 궁중의 남녀 노예 혹은 자유민의 남녀 노예를 성문 밖으로 도주시킨 자는 사형에 처한다.
- 만약 새로이 아내를 들이고도 그에 대한 문서가 존재하지 않는다면 부인에 대한 소유를 주장할 수 없다.
- 어느 노예라도 그가 주인에게 "이자는 나의 주인이 아니다"라고 말한다면 주인은 자기 소유의 노예임을 입증하고 그 귀를 자를 권리를 가진다.
- 아들이 아버지를 때리면 두 손을 자른다.

있다고 할 수 있다.

페르시아의 멸망으로 고대 메소포타미아 문명은 끝났지만 고대 수메르인이 남긴 역사적 사료, 과학기술, 문자 등은 오늘날에도 많은 영향을 미쳤다.

카이로 이집트 박물관에서 만나는 이집트 문명

└ 이집트 문명의 시작

이집트 문명은 나일강 유역에서 일어난 고대 문명으로 기원전 3200년에서 기원전 332년까지 거의 3천 년 가까이 지속되었다. 고대 이집트 왕조 수립 후 알렉산더 대왕까지 이어졌다. 원래 이집트는 주변이 바다와 사막으로 둘러싸여 폐쇄적인 지형이었지만 나일강의 정기적인 범람으로 기름진 토양이 형성되면서 농경 생활이 가능했다. 나일강은 해마다 상당히 넓게 범람되지만 홍수 주기가 일정한 편이어서 고대 이집트인들은 이러한 자연의 원리를 깨닫고 이를 생활에 이용하며 촌락 형성과 농업, 목축업을 가능하게 하였다.

> 오늘날 그리스인들이 바다를 건너 왕래하고 있는 이집트 지역은 이른바 '나일 강의 선물'이라고 할 수 있는 것으로, 이집트인들에게는 새로 얻어진 토지이다. …… 이 지역 주민은 다른 모든 지역에 사는 주민

에 비하여 가장 적은 노력으로 풍작을 이룰 수 있다. …… 강물이 저절로 흘러들어와 그들의 경지에 물을 대주고, 다시 빠져나가고 나면 남는 것은 수확을 기다리는 일뿐이다.

– 헤로도토스, 『역사』

이집트 박물관

└ 이집트 문명의 사상과 문화

많은 사람들이 이집트 문명을 떠올리면 미라, 피라미드, 스핑크스를 생각한다. 이집트의 수도 카이로에 있는 이집트 박물관은 이집트 최대의 박물관으로 이집트 문명과 관련된 유물과 유적이 많다. 박물관 입구에서부터 스핑크스가 반겨준다.

파라오는 고대 이집트어로 '왕' '최고 통치자'를 뜻하며, 인간이 아닌 신으로 숭배되었다. 파라오가 죽으면 영원히 살 수 있도록 궁궐인

〈투탕카멘왕의 황금 마스크〉, 이집트 박물관

제2대 이집트 제3왕조의 〈조세르 파라오〉, 이집트 박물관

피라미드를 만들어 숭배하는 문화가 있다.

이집트 박물관에서 가장 인기 있는 소장품은 〈투탕카멘왕의 황금 마스크〉이다. 이것은 어린 나이에 숨진 이집트 제18왕조 투탕카멘왕과 관련된 유물이다. 이 왕의 업적은 특별한 것이 없어 역사상으로 많이 언급되지는 않지만 그의 미라는 사망 시 20세 이하인 것으로 보아 즉위 시기는 10세나 11세 정도로 추정된다. 나이도 젊고 특별한 업적은 없었다. 피라미드가 아닌 계곡에서 발견되었고, 발견되기까지 묻혀 있던 투탕가멘왕의 무덤과 각종 부속품은 이집트 문명의 규모나 시대상을 보여주는 등 세기를 떠들썩하게 하였다. 특히 황금 마스크는 찬란하고 화려했던 이집트 문명의 일부를 나타내는 장신구로 많은 관심을 받고 있다.

고대 이집트에서는 영혼불멸사상에 따라 죽은 생명체는 영혼이 죽지 않고 남아 있다고 믿어 이를 보존하는 것을 가치 있는 행위로 여기며 미라를 만들기도 했다. 미라는 사람 또는 동물의 시체가 썩지 않은 채 원래 상태에 가까운 모습으로 보존된 것이다. 이집트에서는 사람의 육신은 죽어도 사후 세계가 존재한다고 믿었기 때문에 이런 문화가 발달했다. 현재 카이로에 있는 이집트 박물관에 보관되어 있는 미라는 무려 3천여 종이 넘고, 지금도 계속 미라가 담겨 있는 고대 목관들이 발굴되고 있다.

이집트 문화의 주요 특징물인 피라미드는 고대 이집트 묘의 한 형식으로 사각추형 형태로 되어 있다. 사카라에서 가장 오래된 조세르왕의 계단식 피라미드는 세계 최초 석조 건물로 조세르의 재상인 임

호테프가 설계하였다. 조세르는 제2대 이집트 제3왕조이며 약 19년 동안 통치하였다. 현재 이집트 박물관에 조세르의 석상이 있으며, 이 석상은 과거 이집트 파라오의 전형적인 모습을 하고 있다. 처음에는 조그만 무덤이었으나 여러 번 증축하여 현재는 62m에 이르는 계단식 피라미드가 되었으며, 피라미드 인근에서도 많은 양의 유물이 발견되었다.

고대 이집트의 상형 문자

고대 이집트의 상형 문자는 그림 문자와 표의 문자, 표음 문자의 형태로 이루어져 있다. 초기부터 완벽한 문법 체계와 문자 체계를 가지고 있었지만 언어학자 및 고고학자들의 해석에는 어려움이 있었다. 그러나 1799년 나폴레옹 원정대의 장교인 피에르 부샤르에 의해 발견된 로제타석으로 고대 이집트의 상형 문자를 해독하게 되었다. 로제타석은 화강암으로 이집트 상형 문자, 민중 문자, 고대 그리스

고대 이집트 상형 문자

어 등 세 가지 문자로 번역되어 있으며, 현재 영국 박물관에서 로제타석을 3D로 모델링하였다. 고대 이집트의 상형 문자는 전 세계 많은 언어학자들의 노력으로 90% 이상의 언어가 해독되어 있는 상태이다.

세계 7대 불가사의 중 유일하게 남아 있는 기자의 3대 피라미드는 이집트의 수도인 카이로 남서쪽으로 13km 떨어진 기자 고원에 자리 잡고 있다. 3개의 피라미드는 각각 왕의 이름을 따서 쿠푸왕의 피라미드, 카프레왕의 피라미드, 맨카우레왕의 피라미드이다. 이 피라미드가 창건된 시기는 기원전 2500여 년쯤으로 추정되는데 이집트 제4왕조 시기에 속한다. 카프레왕의 피라미드로 가는 입구에는 스핑크스상이 우뚝 서 있다. 이 중 최대 높이인 쿠푸왕은 이집트 4왕조의 제2대 파라오이다. 피라미드는 약 147m였으나 현재는 10m 정도가 줄어 139m로 측정된다. 피라미드 내부는 왕의 묘실까지 들어가 볼 수 있으며 하루 관람객의 수는 제한되어 있다. 대부

〈쿠푸왕의 석상〉, 이집트 박물관

분의 왕들은 거대한 유물을 남겼지만 쿠푸의 유물은 7.6cm의 작은 상자밖에 남지 않았다. 쿠푸왕의 대 피라미드는 유일하게 현존하는 세계 7대 불가사의 중 하나다.

기자의 피라미드군

뉴델리 국립 박물관에서 만나는 인더스 문명

∟ 인더스 문명의 꽃, 하라파와 모헨조다로

인더스 문명은 기원전 2500년 무렵 형성되어 1500년 무렵까지 약 1,000년 동안 인더스강 유역을 중심으로 발생한 고대 문명으로 4대 문명 발상지 중 하나이다. 인더스강은 인도 북부에서 발원하여 티그리스강과 유프라테스강 그리고 나일강 유역 일대이다. 파키스탄 하라파에서 최초로 유적지가 발견되면서 고고학적으로 하라파 문명으로 불리기도 한다. 인더스 문명 발생 당시에만 해도 이 지역은 매우

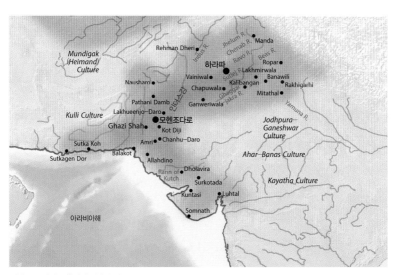

인더스 문명이 부흥했던 시기의 지도

비옥하고 산림이 우거져 인간이 살기에 좋은 지리적 여건을 가지고 있었다.

기원전 1500년경 인도 지역에 침입한 드라비다족에 의해 발생하였다. 드라비다족이 언제 인도 아대륙에 정착했는지는 정확히 알 수 없지만 인더스강 유역에서 농경 생활을 시작하면서 인구가 점차 증가해 규모가 커진 것으로 보인다. 기원전 2500년경 시작되어 1600년경까지 지속되었다.

인더스 문명의 꽃으로 불리는 하라파 유적은 인더스 문명 당시 주요 도시 유적으로 펀자브 지방 인더스강 지류인 라비강 부근에 있으며 고고학자 D. R. 하사니에 의해 1920년대 초반 발굴되었다. 인더스 문명 최대의 도시로 현재까지 인더스 문명권에서 발견된 20여 곳의 도시 유적 중 최대 규모를 자랑하기도 한다. 성곽이 있는 서쪽, 시가지가 있는 동쪽으로 보아 모헨조다로처럼 설계된 도시임을 알 수 있다. 이곳에서 출토된 출토품으로는 석회암질의 토르소와 테라코타상, 각종 토기 등이 있다.

이 유물, 유적들은 파키스탄 유일의 국립 종합 박물관인 카라치 국립 박물관, 뉴델리 국립 미술관 등에 소장되어 있다. 뉴델리 국립 미술관은 인도 뉴델리에 1960년 개장, 인도의 박물관 중 가장 많은 유물과 유적 등을 소장하고 있다. 인더스 문명 시대의 출토품이 광범위하게 자리 잡고 있다.

하라파 도시 유적에서 출토된 미술품 중 하나인 남성 토르소는 육체를 사실적이고 입체적으로 표현하였으며, 목과 팔 부분은 따로 분

파키스탄 국립 박물관

리해서 만든 후 합친 것으로 추측한다. 또한 적색 사암으로 만든 〈무용수〉라는 이름의 유물은 손은 엉덩이에 놓여 있고 머리는 위로 고정되어 있는 등 균형감을 갖춘 모습으로 조각상이지만 자신감이 넘쳐 보여 미술학적, 고고학적으로 그 가치가 높이 평가되고 있다.

모헨조다로 역시 하라파와 마찬가지로 도시 유적의 일종이다. 기원전 2600년경 건설된 인더스 문명의 고대 도시로 파키스탄 신드 라르카나에 위치해 있다. 모헨조다로는 '사자의 언덕'이라는 뜻이다. 인더스 문명의 시작을 알렸던 드라비다인이 인도아리아인에 의해 정복당하고 멸망한 중심지가 바로 모헨조다로이다. 현재까지 일부만 발굴이 되었을 정도로 그 규모가 어마어마하다. 모헨조다로의 도시 유적중 발굴된 것을 살펴보면 대부분의 건물은 1층 벽돌로 지어졌다.

모헨조다로

다른 문명권은 흙, 나무 등을 활용해 주거 공간을 만들었지만 모헨
조다로는 구워진 벽돌을 사용해 견고한 건축물을 만들었다. 모헨조
다로를 건축할 때 쓰인 벽돌은 오늘날 건축자재용으로 사용해도 무
방할 만큼 손색이 없을 정도로 강하고 대량 생산되었다.

계획된 도시인 만큼 전체적인 모습에 짜임새가 엿보이며 각 건물
사이에는 열십자의 도로가 있다. 유적지 곳곳에는 우물이 있으며,
수로도 존재해 하수도 시설이 있었음을 추측할 수 있다. 또한 모헨
조다로에는 거대한 대중목욕탕이 있었는데 종교나 의식에 몸과 마
음을 정갈하고 성스럽게 하기 위한 용도로 쓰였던 것으로 보인다.

모헨조다로에서 출토된 유물로는 소녀 무희의 동상과 동물상, 모신

상, 장신구, 토기 등이 있다. 파키스탄 남부 신드주 카라치에 위치하고 있는 파키스탄 국립 박물관에는 모헨조다로 도시의 유적, 유물이 상당수 존재한다.

모헨조다로 도시 유적은 인도 전체의 도시화에 상당한 영향을 미쳤으며 인도 아대륙에서 가장 오래된 도시 유적으로 기원전 3000년 기에 형성된 것으로 추정되는 등 그 가치가 매우 높아 세계문화유산으로 등재되어 있다.

인더스 문명의 멸망에 대해서는 현재까지도 많은 설이 있다. 홍수에 의한 멸망, 외적 침입에 의한 멸망, 핵전쟁에 의한 멸망 등 무수히 많은 추측들이 있으며, 학자들의 지속적인 연구가 진행되고 있다.

인더스 문자는 상형 문자이다. 인더스 문명의 문자를 해석하려면 많은 글이 필요하지만 일부 발견된 인장, 도장류에 담긴 문자는 아직까지도 완전히 해독되지 못한 상태이다.

인더스 문명의 상형 문자가 새겨진 인장, 영국 박물관

고대 그리스와 로마의
문명 속으로

서양 문명의 시작인 고대 그리스 문명과 지중해 문명이 통합된 로마의 문명은 어떤 모습일까? 아테네 국립 고고학 박물관에서 만나보는 황금 마스크와 여러 문화재, 파르테논 신전, 바티칸 미술관의 〈라오쿤 군상〉, 루브르 박물관에 있는 〈밀로의 비너스〉를 통해 인간적, 현세적이며 조화로운 그리스 문화를 느껴본다. 또한 로마 카피톨리니 박물관에서 로마 제국의 역사를 느껴보고 바티칸 미술관에서 로마의 전성기였던 아우구스투스 황제의 조각상을 통해 시대를 이해하고 로마의 예술을 감상해본다. 실생활에 필요한 문화를 발달시키며 서양의 고전 문화를 완성한 독창적인 로마 문화를 이해할 수 있다.

서양 문명의 시작, 그리스 문명

ㄴ 그리스의 청동기, 에게 문명

그리스 문명은 기원전 1100년경부터 기원전 146년까지의 시대를 일컫는 에게 문명 시대와 그리스 암흑기, 그리고 그리스 고전기를 일컫는다.

그리스는 기원전 6000년에 신석기 문화가 시작되었으며 기원전 1500년경부터는 크레타 문명의 영향으로 청동기 문화가 이어졌다. 에게 문명 시대는 그리스와 에게해에 있었던 청동기 시대의 문명으로 에번스(Arthur John Evans, 1851~1941)가 발견한 크레타 문명(미노스 문명, 미노아 문명이라고도 함)과 슐리만(Heinrich Schliemann, 1822~1890)이 발견한 미케네 문명으로 나눌 수 있다.

1876년 슐리만은 펠로폰네소스의 미케네 유적 무덤을 발굴하고, 황금 마스크를 찾게 되었다. 이를 통해 그리스 신화에 등장하는 아가

멤논이 신화가 아닌 실존 인물임을 증명하였고 이 황금 마스크는 현재 아테네 국립 고고학 박물관에 전시되어 있다.

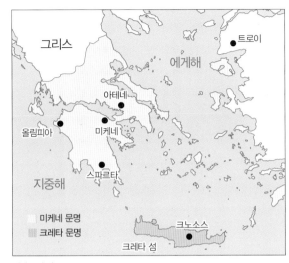

에게 문명 지도

에게 문명이 사라지면서 그리스에는 여러 개의 작은 나라들이 계속 생겨났다. 그리스의 지형적 특성상 다른 지역 간의 교류가 활발히 이루어지기 어려워 폴리스라는 이름의 작은 도시국가들이 탄생하게 되었다. 폴리스들은 높은 언덕 한가운데 아크로폴리스라는 신전을 건축했다. 신전은 그 아래 광장에서 상업 활동을 하거나 시민들이 모여 토론을 하는 등 다양한 목적으로 활용되었다.

파르테논 신전은 아테네의 수호신인 아테나 여신을 위한 곳으로 현재까지도 많은 관광객들이 찾는 장소이다. 대리석으로 만들어진 이 신전은 도리스식 기둥 양식의 전형적인

《아가멤논 마스크》, 아테네 국립 고고학 박물관

파르테논 신전

영국 박물관에 있는 엘긴 대리석 조각군

모습이다. 신전 내부와 장식을 통해 그리스 예술도 엿볼 수 있다.

1687년 파르테논 신전 안에 있던 화약 더미가 베네치아군의 폭격으로 불이 붙으면서 폭발, 신전과 조각물이 크게 훼손되는 사건이 있었다. 이후 1806년 오스만 제국의 허가를 받고 엘긴 백작(Thomas Bruce, 7th Earl of Elgin, 1766~1841)이 파르테논 신전의 조각을 떼어내 영국으로 가져갔다. 1816년 이 조각물들은 런던의 영국 박물관에 매각되었고 지금까지도 전시되어 있다. 그리스 정부는 이 조각물을 다시 회수하기 위해 영국 박물관과 협상하고 있으나 큰 진전이 없는 상태이며 엘긴은 영국에서도 문화 파괴자로 지탄받으며 현재까지 논란은 계속되고 있다.

└ 그리스의 중심, 아네테의 성장

그리스에 있는 수많은 폴리스 중 아테네는 가장 발전한 형태의 도시국가 모습을 보여주었다. 아테네는 해안가라는 지리적 조건으로 다른 폴리스보다 해양을 이용한 상업 활동으로 부를 축적하게 되었다. 지위가 높아진 시민들은 정치에도 참여하였다. 지도자들을 투표에 의해 선출하고, 회의를 통해 중요한 일을 결정하는 등 평민들의 권리가 매우 중요함을 보여줌으로써 훗날 민주주의의 근원이 되었다.

아테네와 스파르타 등 그리스의 많은 폴리스들은 페르시아에 맞서 힘을 모아 싸워 승리했다. 그리고 민주주의 문화는 더욱 발전하였다. 하지만 아테네와 스파르타 간의 권력 싸움으로 인한 갈등과 전쟁은 계속되었고 결국 마케도니아의 왕 필리포스에게 정복당하며 그리스는 쇠퇴하게 되었다.

그리스 문명은 현재 전 세계를 지배하고 있는 서양 문명의 근본으로 여겨질 만큼 세계사적으로 매우 중요한 문명 중 하나이다.

└ 아테네의 랜드마크, 파르테논 신전

파르테논 신전은 그리스 아테네의 대표적인 랜드마크로 전성기인 페리클레스 시대에 세워진 고대 그리스의 대표적 건축물이다. 그리스 아테네의 아크로폴리스에 있는 이 신전은 가로와 세로가 적절한 비율의 직사각형 모양으로 균형과 안정감이 느껴진다. 대리석이 주재료

파르테논 신전의 메토프 조각상 일부, 영국 박물관

인 파르테논 신전은 현존하는 고전기 그리스 건축물임과 동시에 고대 그리스의 주범 양식 중 하나인 도리스식 기둥 양식이다. 건축물 자체가 미적으로 세련되었으며 이오니아 정신이 담겨 있는 건축물이다.

앞에서 언급한 것처럼 파르테논 신전의 메토프에 있던 조각상 일부는 영국 박물관에 전시되어 있다. 영국 대사인 엘긴 백작이 영국으로 가져가 이것을 엘긴 마블이라고 한다. 이 일로 그리스와 영국 간의 갈등은 계속되고 있다. 루브르 박물관에도 역시 영국 박물관만큼은 아니지만 파르테논 신전에서 떼어온 조각상들이 전시되어 있다.

아테네 국립 고고학 박물관

└ 자유롭고 독창적인 그리스 문화

　그리스의 문화는 인간적이고, 현세적이며, 조화롭다는 특징을 가지고 있다. 그리스는 철학, 문학, 극, 미술 등 다양한 장르에서 많은 걸작을 남겨 현대까지 많은 영향을 미치고 있다.

　아테네 국립 고고학 박물관에는 그리스, 로마와 관련된 문화재가 10만 점 이상 소장되어 있다. 선사 시대부터 미케네 시대, 그리스 문화의 암흑 시대, 도시국가 폴리스 탄생의 고전 전기, 페르시아 전쟁 승리 후의 고전기 등 시대별로 그리스의 다양한 유물이 전시되어 있다.

디필론 암포라(부분), 아테네 국립 고고학 박물관

미론의 〈원반 던지는 사람〉을 복제한 고대 로마 청동상 〈팔룸바라의 원반 던지는 사람〉, 뮌헨 고대 조각 미술관

이곳에는 아테네 디필론 묘지에서 출토된 큰 암포라의 장식이 있다. 기원전 10세기 말 그리스에서 탄생한 기하학 양식을 대표하는 것으로 장식은 간단한 직선 문양, 번개 모양의 마름모꼴, 지그재그 모양 등과 동물, 인물까지도 도형으로 표현되었다. 고전 전기에는 미론의 〈원반 던지는 사람〉이나 〈아테나와 마르시아스〉처럼 움직임의 순간을 역동적으로 포착한 작품들이 많았다. 〈원반 던지는 사람〉의 경우 원본은 손실되었으나 로마에서 똑같이 복제하여 뮌헨 고대 조

〈라오쿤 군상〉, 바티칸 미술관　　　　　　　　　　　　　　　　　　　　　　〈밀로의 비너스〉, 루브르 박물관

각 미술관에서 소장하고 있다. 복제품임에도 불구하고 역동적인 자세, 사실적이며 섬세한 묘사로 미론의 청동상을 떠올리게 한다.

이처럼 자유롭고 독특한 자신들만의 문화를 만들어낸 그리스인들은 인간처럼 생긴 신들을 조각하며 인간 중심적인 문화를 발전시켜 갔다.

바티칸 박물관에 있는 〈라오콘 군상〉은 라오콘과 두 아들이 포세이돈의 저주를 받는 장면을 묘사한 조각상이다. 1506년 로마에서 발굴된 이 작품은 세계 3대 조각상으로, 헬레니즘을 대표하는 세계 최고의 유물이 되었다.

　우리나라 사람들에게 잘 알려져 있는 〈밀로의 비너스〉는 그리스 신화에서 사랑과 미를 관장하는 여신 아프로디테를 묘사한 대리석상으로 현재는 루브르 박물관에 전시되어 있다. 밀로스섬에서 출토되어 지명에 따라 이름을 붙였다고 한다. 그리스 후기인 헬레니즘 시대 작품으로 나선형의 곡선과 흐트러진 드레스의 모습이 묘사되었으며 몸통, 다리, 팔, 발이 각각 조각되어 수직의 말뚝으로 고정된, 전형적인 그리스 기술을 엿볼 수 있는 작품이다.

트로이 전설 이야기

'트로이의 목마'라고 하면 많은 사람들이 과거 유행하였던 컴퓨터 바이러스이자 악성코드를 떠올린다. 하지만 트로이의 목마가 많은 사람들의 입에 오르내리며 변형될 정도로 널리 알려진 것은 용어 자체가 전설로 남아 있기 때문이다. 영화나 소설, 대중매체에서도 각색되어 사용되고 있는 트로이의 전설 속 이야기를 소개해본다.

당시 프리아모스왕이 다스리던 강력한 도시국가 트로이. 프리아모스의 아들인 파리스는 아프로디테 여신의 아름다움을 겨루는 시합에서 심판을 맡게 되었다. 세상에서 가장 아름다운 여인을 아내로 주겠다고 약속한 아프로디테를 승리자로 선택하였다. 스파르타를 방문했을 때 메넬라오스 왕비 헬레네와 사랑에 빠진 파리스는 헬레네를 트로이로 데려가게 된다. 이에 분노한 아카이아인들은 파리스와 트로이인들에게 복수를 하기 위해 많은 그리스 영웅들과 함께 원정대를 파견하였다. 그리스 군대는 10년 동안 트로이를 포위 공격하였으나 성벽이 높아 매번 실패하게 되었다. 고민하던 오디세우스는 기묘한 전략을 일꾼들에게 지시, 거대한 목마를 만들게 하여 그리스 군사들을 목마 속으로 숨겼다. 목마를 성벽 밖에 남겨둔 채 그리스인들은 철수한 것처럼 보이도록 비밀 전략을 꾸몄다. 트로이인들은 목마를 아테네 여신에게 바치기 위해 성안으로 끌고 들어갔고 목마 밖으로 나온 그리스 병사들은 트로이인들을 학살하고 약탈하며 불을 질렀다. 결국 파리스는 전쟁 중에 죽게 되었고, 헬레네는 메넬라오스에게 다시 돌아갔다. 이 전설이 바로 트로이 전설이다.

로마 제국의 탄생

└ 그리스 문명과 지중해 문명이 통합된 로마

로마의 시대는 왕정 시대, 공화정 시대, 제정 시대로 나눌 수 있다. 로마 건국 초기에는 왕과 귀족 중심의 정치를 펼쳤는데 왕정 시대를 통치한 로마 7왕은 로물루스, 누마 폼필리우스, 툴루스 호스틸리우스, 안쿠스 마르키우스, 타르퀴니우스 프리스쿠스, 세르비우스 툴리우스, 타르퀴니우스 수페르부스이다.

기원전 500년경 왕정이 무너지면서 로마는 공화정 체제로 들어서게 되었다. 왕, 귀족, 시민 모두 정치에 참여하던 공화정의 형태는 국가의 권력이 개인 또는 한 계급에 독점되지 않고 국민 전체가 나누어 가지며 견제와 균형을 원칙에 둔 것으로 해석해볼 수 있다. 이 시대에는 평민회가 창설되거나 호민관을 선출하는 등 평민의 권리를 신장시킬 수 있는 여러 제도가 있었다. 또한 로마는 포에니 전쟁에서 승리하면서 지중해의 패권을 장악하게 되었다. 이후 옥타비아누스가 황제로 등극하며 로마의 제정 시대가 열린다.

콘세르바토리 궁전과 누오보 궁전을 합친 로마의 카피톨리니 박물관에 가면 로마 제국의 역사와 관련된 유물들을 만날 수 있다. 이곳의 주요 소장품으로는 〈암늑대상〉, 마르쿠스 아우렐리우스의 〈청동기마상〉 〈콘스탄티누스 거상〉 〈비너스〉 등이 있다. 〈암늑대상〉은 로마 건국 신화에 등장하는 늑대의 조각상이다. 이 늑대가 로마를 건국한

카피톨리니 박물관 　　　　　　　　　　　　　　　〈암늑대상〉(사본)

쌍둥이 형제인 로물루스와 레무스를 키웠다고 전해지는데 로마 건국
의 상징으로 이 박물관에 전시되어 있다.

└ 로마의 전성기, 아우구스투스(바티칸 미술관 속에서 느끼는 로마 시대의
　황제 조각상)

　제정 시대 제1대 로마 황제였던 아우구스투스는 기원전 44년 삼촌
(외할머니의 남동생)이었던 율리우스 카이사르가 암살되자 유언장에 따
라 카이사르의 양자가 되면서 후계자가 되었고 초대 로마 황제가 되
었다. 본명이 옥타비아누스였던 아우구스투스는 평화 통치로 로마
시대의 태평성대를 이루게 한 황제로 41년간 로마를 통치하면서 로

마 제국의 영토를 확장해가며 인근 국가들과 평화 협정을 맺는 등 로마의 전성기를 이끈 왕으로 칭송받고 있다. 8월을 뜻하는 영어 단어 August 역시 아우구스투스에서 비롯되었다고 하니 그 활약이 대단했다고 할 수 있을 것이다.

바티칸 미술관에는 아우구스투스와 관련된 사건이나 일화와 관련된 작품들과 그의 조각상이 다양하게 전시되어 있다. 유명한 초상 가운데 하나는 이탈리아 프리마 포르타에서 발견된 아우구스투스의 조각상이다. 이 조각상은 아우구스투스가 오른쪽 팔을 쭉 뻗으며 군중을 향해 이야기하는 듯한 모습으로 묘사되어 있다. 아우구스투스

가 입고 있는 갑옷을 자세히 살펴보면 갑옷 중앙부의 주변에 신과 화신들의 모습이 표현되었는데 이것은 로마 제국의 평화와 번영을 기원하는 아우구스투스의 철학이 담겨 있는 작품이다. 당시 로마 시대의 영웅이자 황제이며, 평화를 지향하던 아우구스투스의 위상을 추측해볼 수 있다.

아우구스투스 황제는 달마티아 지방의 반군을 진압함으로써 큰 공을 세우게 되었는데 이것을 기념하기 위해 카메오를 제작했다. 카

〈아우구스투스 황제상〉, 바티칸 미술관

메오는 반투명한 물질을 돋을새김(양각)으로 조각한 것이다. 로마 시대 카메오의 대표작이라고 할 수 있는 〈아우구스투스 카메오〉는 현재 빈 미술사 박물관에 소장되어 있다.

〈아우구스투스 카메오〉, 빈 미술사 박물관

└ 로마의 몰락, 콘스탄티누스 대제

디오클레티아누스 황제가 퇴위한 후 로마는 매우 혼란스러웠다. 이런 상황 속에서 로마 제국을 재통일한 황제가 바로 콘스탄티누스이다. 콘스탄티누스 1세의 즉위 10년을 기념하여 세워진 콘스탄티누스의 개선문은 밀비우스 다리 전투의 모습이 부조로 새겨져 있다. 바티칸 미술관에는 줄리오 로마노가 그린 〈밀비우스 다리의 전투〉라는 그림이 있다. 밀비우스 다리의 전투는 로마 근교 밀비우스 다리에서 벌어진 전투로 콘스탄티누스 1세와 막센티우스 간에 발생한 사건이다. 이 전투의 승리로 콘스탄티누스 대제가 로마 제국 전체를 다스리는 전환점이 되었고, 이 전투를 기념하는 건축물, 그림, 부조 등이 많이 존재한다.

콘스탄티누스의 개선문

한편, 전쟁에서 승리한 콘스탄티누스는 그리스도에 의해 전투에서 승리했다고 믿으며 그리스도교를 널리 전파하고 싶었다. 하지만 당시 로마 사회는 그리스도교(크리스트교)를 배척하며 무시했다. 이러한 위기를 기회로 콘스탄티누스는 새로운 국가 이념을 위해 사람들이 각자 자신의 종교를 가질 수 있는 자유로운 권리를 허용할 것을 선포하였고, 훗날 그리스도교는 로마의 공식 종교가 된다.

앞에서도 언급한 바와 같이 세계에서 가장 오래된 로마의 카피톨리니 박물관은 콘세르바토리 궁전과 누오보 궁전이 합쳐진 박물관으로 두 궁전은 지하로 쉽게 오고 갈 수 있다. 이곳에서는 〈콘스탄티누

〈콘스탄티누스 황제의 거상〉, 카피톨리니 박물관

스 황제의 거상〉 등 다양한 고대 유물을 볼 수 있다. 첫 번째 두상은 약 260cm의 높이로 대리석으로 만들어졌다. 과거 포로 로마노에 있던 콘스탄티누스 바실리카의 한쪽 벽에 놓여 있던 좌상의 일부분으로 현재는 머리 일부만 남아 있다. 자세히 들여다보면 얼굴에 비해 큰 눈동자와 뚜렷한 이목구비를 가진 형체로 그 모습이 엄숙하면서도 존귀하며, 압도적인 느낌을 자아낸다. 이외에도 카피톨리니 박물관에서는 콘스탄티누스의 청동상도 만나볼 수 있다.

이처럼 콘스탄티누스 대제는 비잔티움으로 수도를 옮기고 밀라노 칙령 등으로 혼란스러운 로마를 재통일하는 등 로마 제국의 재건자로서 높이 평가되고 있다.

이후 로마는 내부적으로 붕괴되면서 동로마, 서로마로 분열, 국력이 쇠퇴하게 되었다. 또한 게르만족의 침입으로 더 이상 제국의 유지가 어려워져 결국 멸망하게 되었다.

서양의 고전 문화를 완성한 로마 문화

└ 실생활에 필요한 문화가 발달한 로마

로마는 건축이나 법률 등에서 실용적인 문화가 발달되었다. 도로나 수도교, 공중목욕탕, 콜로세움 등을 건설하였는데 오스티아 안티카라는 로마의 항구 도시에 가면 다양한 건축물을 볼 수 있다. 항구 도시답게 상선들의 물결과 도처에서 온 화물이 끊이지 않았던 이 도시는 당시 활발한 교통으로 다양한 민족들의 문화를 쉽게 접할 수 있는 곳이었다.

로마인들은 큰 돌을 아래에 깔고 작은 돌을 올린 후, 그 위에 평평하며 넓은 돌을 다시 올려 도로를 건설했다. 또한 수도 시설을 이용해 먼 곳에서 물을 끌어와 곳곳에 공중목욕탕을 만들어 시민들이 편안하게 쉴 수 있는 장소를 제공하기도 하였다. 현재 많은 사람들이 찾는 관광 명소인 트레비 분수는 과거 고대 로마 제국의 수도 시설을 되살리기 위해 조성한 분수이다. 보통 위치에너지를 이용해 물을 내뿜는데 트레비 분수는 세 개의 수반이 있어 분수의 수압을 대기압보다 높게 유지하는 데 유리하다. 이처럼 분수를 하나 제작할 때도 분수와 물의 원리를 활용해 과학적으로 건설한 로마인들의 관습은 로마 문화의 실용성을 잘 나타내준다. 트레비 분수는 흰 대리석으로 만들어졌는데 신화 속의 인물이 살아 움직이는 것과 같은 모습으로 조각해 그 모습이 매우 아름답다.

트레비 분수

　로마는 일찍이 법이 발달하였는데 관습법에서 시민법, 만민법에 이르기까지 유스티니아누스 법전으로 법을 집대성하였다. 초기 로마법에는 왕과 귀족의 권리만 기록되었지만 시민의 권리가 커지면서 시민과 관련된 법의 내용도 다수 포함되었다. 현재 유럽 국가 및 다수의 국가들이 로마의 영향을 받아 사법 제도와 민법을 개편할 때 의존하고 있다. 현재까지도 로마법을 '모든 법의 어머니'라고 하는 것은 로마법의 근대성과 합리성이 매우 뛰어난 것으로 평가받고 있다는 증거이기도 하다.

└ 뛰어난 건축 기술로 세계를 이끈 로마

　로마 시대의 가장 오래된 돔 형태 구조물인 판테온은 '모든 신을 위한 신전'이라는 뜻이다. 현재까지도 보존 상태가 양호한 이 건축물은 고대 로마 신들에게 바치는 신전으로 사용하기 위해 지어졌다. 하드리아누스 황제 재위 기간인 서기 125년경 재건하였는데 다마스쿠스 출신 건축가인 아플로도로스를 중심으로 제작되었다는 설이 있지만 아직까지 의견이 분분하다. 과거부터 현재까지 쭉 사용되어 왔는데 7세기 이후부터는 성당으로 사용하였다. 판테온은 서양 건축사에 지대한 영향을 미쳤다. 이후 비슷한 형태의 건물들이 세계 곳곳에서 많이 생겼으며, 현대의 실용적인 건축에 영향을 미친 건축물로 평가받고 있다.

　로마 시대를 대표하는 또 다른 건축물로는 콜로세움이 있다. 원형 경기장인 콜로세움은 석회암, 응회암, 콘크리트 등으로 이루어져 있으며, 당시 5만 이상의 관중을 수용할 정도로 매우 큰 규모의 경기장이었다. 콜로세움의 외벽은 3개의 기둥으로 구성되는데 그 기둥의 열은 도리스 양식, 이오니아 양식, 코린트 양식

판테온

콜로세움 야경

등으로 로마 제국의 문화를 엿볼 수 있다. 아치에는 신화에 등장하는 인물들이 조각되어 있는데 영웅에 대한 경건함과 함께 그 위대함을 느껴볼 수 있다. 당시 이곳에서는 로마인들의 결투, 해전, 사냥 등이 재연되었으나 중세 시기 로마 제국이 쇠퇴하면서 콜로세움도 함께 쇠퇴하게 되었다. 현재는 로마를 상징하는 건축물로 전 세계인들의 감탄을 자아내고 있는 곳이기도 하다.

└ 바티칸 미술관과 보르게세 미술관에서 느끼는 로마의 예술

바티칸 미술관은 로마 바티칸 시국에 있는 세계 최대 규모의 박물관 중 하나로 로마 시대 수세기에 걸친 걸작들이 있다. 현재 로마를

바티칸 미술관

대표하는 미술관이자 박물관으로 교과서에서만 보았던 각종 유물들과 예술 작품들을 직접 볼 수 있는 신비하고도 성스러운 곳이다. 이 곳에는 레오나르도 다빈치, 라파엘로, 프라 안젤리코 등 많은 예술가들의 작품이 있다.

수학, 철학, 예술 등 54명의 대표 학자들이 모여 토론하거나, 쉬는 모습을 입체적으로 표현한 라파엘로의 〈아테나 학당〉과 〈그리스도의 변용〉을 소장하고 있으며, 그 밖에도 신의 경지에 이른 예술가 미켈란젤로가 로마의 시스티나 성당 천장에 그린 세계 최대의 벽화 〈천지창조〉 〈최후의 심판〉 등 유명한 작품들이 많이 전시되어 있다.

또한 로마 시내의 보르게세 미술관에는 티치아노의 〈성애와 속애〉,

성 베드로 대성당 돔에서 본 바티칸 미술관

보티첼리의 〈성모자상〉, 까노바의 〈나폴레옹의 누이〉 등 르네상스 시대의 작품들이 있다.

시스티나 성당 천장화, 바티칸 미술관

가장 신성했지만

가장 탐욕스러웠던 시대, 중세

중세의 역사를 박물관이라는 그릇에 담는다면 어떤 모습일까? 게르만족의 대이동으로 서로마가 멸망하면서 열리게 된 중세의 문은 기존의 유럽 지도를 완전히 바꿔 놓았다. 유럽을 장악한 게르만족은 로마 문화와 기독교를 받아들이고 기사 계급을 중심으로 한 봉건제를 실시한다. 유럽 전역에 기독교가 전파되자 교황의 권력이 강화되고, 예루살렘 성지회복을 명분으로 시작된 십자군 전쟁은 폐쇄적이었던 유럽의 문화를 한 단계 업그레이드 하는 계기가 된다. 그러나 200년간 지속된 십자군 전쟁 후유증으로 교황권의 추락과 기사 계급의 몰락, 동로마의 멸망을 앞당기는 결과를 초래한다. '암흑의 시대'로 일컬어지는 중세의 문은 그렇게 닫히게 된다.

유럽의 주인공이 바뀌다

└ 중세의 문을 연 게르만족의 대이동

중세 시대의 시작과 끝은 언제일까? 기원전 753년 건국되어 실용성과 개방성을 기반으로 로마법을 통해 거대한 제국을 건설하고 세계 역사를 주름잡던 로마 제국도 몰락의 길을 걷기 시작한다. 밀라노 칙령(313년)을 통해 그리스도교를 공인한 콘스탄티누스 대제는 아시아와 유럽의 교차점에 위치한 비잔티움의 경제적 중요성을 알게 되고 끊임없이 공격해오는 동쪽의 이슬람 세력에 효율적으로 대응하기

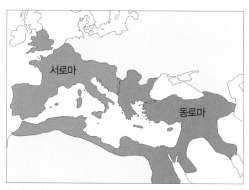

동·서 로마 분리

위해 330년 로마 제국의 수도를 로마에서 비잔티움(콘스탄티노폴리스, 콘스탄티노플, 현재의 이스탄불)으로 옮긴다. 그리고 콘스탄티누스 대제의 뒤를 이은 테오도시우스 1세는 거대한 로마 제국을 혼자 통치하기는 힘들다고 판단해 두 아들에게 동·서 로마로 분리하여 상속하게 된다.

수도가 로마에서 비잔티움으로 옮겨가는 과정에서 급격하게 세력이 약해진 서로마 제국은 게르만족의 이동으로 결국 476년 게르만족 용병대장 오도아케르에 의해 멸망하게 된다. 역사에서는 서로마 제국의 멸망을 고대 로마 시대의 끝으로 간주한다. 즉 중세 시대의 시작인 것이다. 하지만 동로마(비잔티움) 제국은 이후에도 1,000년 이상 유지되었고 오스만 제국에 의해 1453년 멸망하는데, 이때가 중세의 끝이다. 즉 중세의 시작은 서로마 제국의 멸망, 중세의 끝은 동로마(비잔티움) 제국의 멸망이라고 할 수 있다.

찬란한 고대 로마 제국의 시대가 저물고 새로운 중세 시대의 시작을 알리는 역사적 시점은 보통 4세기 후반부터 6세기 후반까지 진행된 게르만족의 대이동으로 볼 수 있다. 게르만족은 유럽의 북쪽 북독일 발트해 연안, 스칸디나비아반도 남부 지역을 비롯해 로마 제국의 국경 지역에 살던 프랑크족, 고트족, 반달족, 앵글족, 색슨족 등을 통칭하는 개념이다. 그러다 4세기 후반 중앙아시아 볼가강 동쪽 지역을 기

서양사 구분

반으로 유목 생활을 하던 훈족이 서쪽의 유럽 지역으로 압박해오자 연쇄적으로 게르만족의 대이동이 시작되었다.

유목 민족인 훈족이 강력한 기마부대를 앞세운 빠른 기동력으로 유럽 남동부 지역 다뉴브(도나우)강과 흑해 주변을 근거지로 살아온 게르만족 부류인 동고트족을 정복하자, 이에 위협을 느낀 서고트족은 남쪽 로마 제국으로 이동하기 시작한다. 그리고 이후 다른 게르만족도 연쇄적으로 로마 제국 영내로 들어오기 시작하는데 이것을 게르만족의 대이동이라고 한다.

훈족의 압박으로 다뉴브강을 건너 로마로 들어온 서고트족은 동로마 제국의 황제를 죽이고 여러 지역을 약탈하였으며, 410년에는 800여 년간 한 번도 약탈된 적 없던 서로마 제국의 수도 로마를 침공하고 함락한다. 그리고 서쪽으로 계속 이동하여 이베리아반도의 톨레도를 중심으로 서고트 왕국을 세운 후 711년 이슬람 세력에 정복될 때까지 강력한 왕국을 유지한다.

훈족의 공격을 가장 먼저 받아 그 지배를 받던 동고트족은 훈족의 전성기를 이끌던 왕 아틸라의

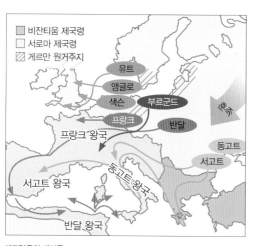

게르만족의 대이동

죽음으로 훈족이 와해되자 판노니아(현재의 헝가리, 오스트리아) 지역으로 이동하여 세력을 키웠고, 5세기 후반에는 이탈리아반도를 정복, 동고트 왕국을 세우지만 552년 비잔티움(동로마) 제국 황제 유스티니아누스에 의해 멸망하게 된다.

폴란드 남부 지역에 거주하던 반달족은 프랑스 북부 갈리아 지방으로 진출하였으나 프랑크족에 밀려 남하한 후 북아프리카 지역을 정복하고 반달 왕국을 설립한다. 455년 반달 왕국의 가이세리크는 로마를 침략할 정도로 강해지지만 반달 왕국 역시 534년 비잔티움(동로마) 제국의 유스티니아누스에 의해 멸망한다.

앵글족과 색슨족은 그레이트브리튼(현재 영국)으로 이동하여 정착

〈로마를 약탈하는 가이세리크〉, 칼 브륄로프, 모스크바 트레티야코프 미술관

클로비스 1세

하는데 앵글족에서 '잉글랜드', 색슨족에서 '웨식스(잉글랜드 남부의 색슨족계 국가)'라는 명칭이 기원한다.

로마 제국 북쪽 라인강 국경 경비를 맡고 있던 프랑크족은 5세기 전후 갈리아 지방으로 이동한다. 이후 갈리아 지방 로마군 지휘관 출신인 킬데리쿠스 1세의 아들 클로비스 1세가 메로베우스(메로빙거) 왕조를 세우고, 로마 가톨릭을 받아들이면서 중세 유럽은 프랑크 왕국을 중심으로 재편되기 시작한다.

이처럼 게르만족은 고대 로마 제국을 무너뜨리고 서유럽 곳곳에 강력한 왕국을 건설하지만, 종교를 비롯한 로마 문화에 쉽게 융합되지 못하고 대부분 곧 멸망한다. 하지만 프랑크족은 갈리아 지방을 중심으로 프랑크 왕국을 세운 후 중세 서유럽 역사의 주인공이 되는데 프랑크족이 자신들만의 정체성을 지킬 수 있었던 것은 다른 게르만족과 달리 근거리 이동으로 부족 세력의 약화가 적은 편이었기 때문이다. 또한 클로비스 1세가 로마 가톨릭으로 개종하면서 로마 문화를 빠르게 수용함과 동시에 로마 가톨릭과 협력 관계를 유지할 수 있었기 때문이다.

결국 고대 로마 제국은 동·서 로마의 분리, 게르만족의 대이동으로 쇠락의 길을 걷게 되고 476년 게르만 용병대장 오도아케르가 서로마 제국의 마지막 황제 로물루스 아우구스투스를 몰아낸다. 그가 이탈리아 왕국의 왕이 되면서 고대 로마 제국의 시대는 종식되고 새로운 시대, 중세가 시작된다. 하지만 동유럽 지역의 동로마(비잔티움) 제국은 서로마 제국 멸망 이후에도 1453년 오스만 제국에 멸망할 때까지 1,000여 년간 독자적으로 발전했다.

〈클로비스 1세의 세례〉, 워싱턴 국립 미술관

└ 땅으로 맺어진 관계, 봉건제

중세 시대를 지탱한 큰 축은 바로 봉건제와 그리스도교라고 할 수 있다. 서유럽 중세 봉건제는 8~9세기경 프랑크 왕국의 분열과 이민족의 침입으로 국가 통치 시스템이 제대로 작동되지 못하고, 왕권이 약화되면서 자연스럽게 형성된 지방 통치 시스템이다. 클로비스 1세가 세운 프랑크 왕국은 500여 년간 서유럽의 가장 강력한 국가로 성장하지만 카롤루스 대제가 사망한 후, 프랑크족의 전통인 재산균등

상속 원칙에 따라 동프랑크, 서프랑크, 중프랑크로 분열되면서 국가 통치 체계는 약화되고, 사회·정치적 혼란이 발생하게 된다.

또한 이 시기 프랑크 왕국은 주변 이민족의 침입이 잦았는데 특히 북쪽의 노르만족, 동쪽의 마자르족, 남쪽의 이슬람 세력(우마이야 왕조)이 끊임없이 프랑크 왕국을 위협해왔다. 하지만 당시 프랑크 왕국은 분열로 인해 국가가 이민족의 침입을 막아줄 수 있는 상황이 아니었기에 각 지방 유력자는 무력을 갖추고 스스로 자기 지역을 지켜낼 필요가 있었다. 이러한 과정에서 기사 계급이 생겼고, 이들은 중세 사회의 지배층으로 성장하게 된다. 이 기사 계급을 중심으로 형성된 것이 바로 봉건제이다. 즉 봉건제는 왕의 힘이 약하여 국가 전체를 통치하지 못하였기 때문에 각 지방의 유력자(제후)에게 토지(봉토)를 주고 다스리게 하는 대신 충성을 맹세토록 한 지방 분권 제도이다.

중세 서유럽의 봉건제는 정치·군사적 측면의 주종제(主從制)와 사회·경제적 측면의 장원제(莊園制)로 나눌 수 있다. 주종제는 주군(主君, 왕)이 봉신(封臣, 제후)에게 봉토(封土, 토지)를 주고 통치 권한을 위임하는 대신, 봉신은 주군에게 충성을 맹세하고 군사적 봉사 의무를 갖게 되는 제도이다. 주군이 봉신에게 봉토를 줄 수 없거나 봉신이 주군

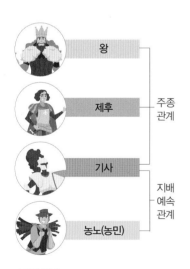

중세 봉건제

에게 충성 의무를 다하지 못할 경우 언제든지 계약이 파기될 수 있는 쌍무(雙務)적 계약 관계였다.

그리고 촌락 공동체인 장원은 모든 경제 활동이 장원 안에서 이루어지는 자급자족적이고 폐쇄적인 경제 구조였다. 장원제는 주군으로부터 받은 봉토(토지)를 소유한 영주(왕, 제후, 기사 등)와 경작자인 농노 간에 맺어진 관계로 영주는 농노를 보호해주는 대신 농노에게 자기 땅을 경작하게 하였다. 왕과 봉신 간의 쌍무적 계약 관계인 주종제와 달리 장원제는 지배·예속 관계였다.

농노(農奴)는 농민과 노예의 합성어로 노예처럼 신분적으로 지배·예속된 것은 아니지만 땅에 의해 지배·예속되어 있었다. 즉 결혼이 가능하고,

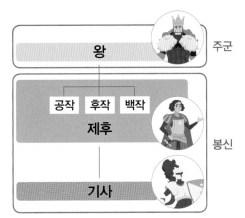

주종제

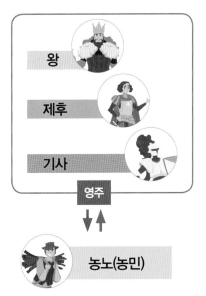

장원제

사유 재산이 인정되는 농민적 특징이 있지만 거주 이전의 자유가 제한되는 노예적 특징도 있었다. 왕은 장원 운영에 대해 간섭(군사권, 재판권, 조세징수 등)할 수 없었는데 이것을 불입권(不入權)이라고 한다. 영주들은 장원을 독자적으로 지배하고 운영하였다. 불입권은 계속 세습되었고 그 결과 중세 시대 왕권은 점점 약해지고 제후·기사의 힘은 점점 강해지는 지방 분권화가 가속화된다.

또 다른 대이동, 노르만족의 이동

중세 유럽은 역사를 뒤흔든 두 번의 대규모 민족 이동이 있었다. 1차 민족 이동은 4세기 후반 게르만족의 대이동이며, 2차 민족 이동은 9세기부터 시작된 노르만족의 대이동이다. 흔히 바이킹(Viking)으로 잘 알려진 노르만족(Norsemen)은 게르만족의 한 부류로 '북방인(North man)'이 그 어원인 것처럼 유럽 북부 스칸디나비아반도 지역이 원주지이다. 이 지역은 빙하 지역으로 땅이 척박하고 추웠다. 이들은 주로 해안 지역을 습격하여 약탈을 일삼으며 생활하다 9세기경 인구가 증가하면서 본격적으로 남쪽으로 이동하기 시작하는데 이처럼 노르만족이 대거 이동했던 9~11세기를 '바이킹 시대'라고 한다.

노르만족은 뛰어난 조선술과 항해술로 유럽 전역에 걸쳐 약탈과 교역을 통해 점차 정착하기 시작하는데 가장 먼저 정착한 지역은 2차 세계 대전 당시 노르망디 상륙 작전으로 잘 알려진 프랑스 북서부 노르망디 지방이다. 10세기 초 노르만족의 침략을 감당할 수 없었던 서프랑크의 왕 샤를 3세가 노르만족의 우두머리 롤로에게 프랑스 북서부 지역을 봉토로 주면서 노르만족이 정착하기 시작했는데 이후 프랑스 사람들이 이 지역을 '노르망디'라고 불렀다고 한다. 정복왕 윌리엄

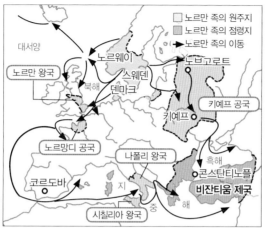

노르만족의 이동

1세(기욤 2세)는 1066년 잉글랜드를 정복하고 노르만 왕국을 세웠으며, 다른 노르만족의 부류는 유럽 동쪽으로 이동하여 노브고로드 공국, 키예프 공국 등을 세우는데 이 나라들이 훗날 러시아의 기원이 된다.

랑스킵, 노르웨이 오슬로 바이킹 선박 박물관

바이킹이라고 하면 가장 먼저 연상되는 모습이 뿔 달린 투구이다. 이것은 영화나 만화를 통해 잘못 알려진 상식으로 뿔이 달린 투구는 전투 중 적에게 쉽게 노출될 수 있기 때문에 실제로는 원통형 투구를 사용하였다고 한다. 또 하나 유명한 것은 랑스킵(Langskip) 혹은 롱쉽(longship)이라고 불리는 바이킹의 배이다. 랑스킵은 가늘고 길어 거친 바다는 물론 좁은 하천을 타고 유럽 내부 깊숙한 곳까지 정복 활동을 하는 데 매우 효율적이었다고 한다.

└ 위대한 로마는 무너지지 않았다!

395년 동·서 로마 제국으로 분리된 후 서유럽 지역은 서로마 제국이 게르만족의 이동으로 결국 멸망하면서(476년) 게르만족이 세운 프랑크 왕국을 중심으로 재편된다. 하지만 동유럽 지역의 콘스탄티노폴리스를 수도로 한 동로마(비잔티움) 제국은 이후 1453년 오스만 제국에 의해 멸망될 때까지 약 1,000년간 서유럽과는 다른 독자적인 정치, 경제, 문화를 발전시키며, 고대 로마 제국의 정통성을 이어간다. 동로마 제국 혹은 비잔티움 제국의 당시 공식 국호는 '로마 제국'이다. 우리나라 역사에서 단군왕검이 세운 조선과 이성계가 세운 조선을 구분하기 위해 단군조선을 고조선이라고 부르는 것과 같다.

비잔티움(동로마) 제국의 수도 콘스탄티노폴리스는 로마 제국 황제 콘스탄티누스 대제가 330년 로마 제국의 수도로 옮기기 전까지는 식민지 도시 비잔티움으로, 콘스탄티누스 대제 사망 후 그를 기리기 위해 콘스탄티노폴리스(콘스탄티노플)로 바뀌었다. 그 후 1453년 비잔티움 제국이 오스만 제국에 멸망하면서 현재의 이름인 이스탄불이 되었다. 콘스탄티노폴리스는 지리적으로 동쪽의 아시아와 서쪽의 유럽을 연결하는 동서 교역의 중심지로 '세계 부(富)의 2/3가 모이는 곳'이라고 할 정도로 상공업과 무역이 발달한 도시였다.

기사 중심의 봉건제로 왕권이 약하고, 정치와 종교가 분리되어 로마 가톨릭의 교황권이 강했던 서유럽과 달리 비잔티움 제국은 황제가 정치와 종교(그리스 정교, 동방 정교)를 모두 장악했고, 막강한 권력을 가지고 있었다. 서유럽이 장원제를 기반으로 한 농촌 중심의 폐쇄적이고 자급자족적인 경제 구조였던 반면 비잔티움 제국은 상공업과 무역이 발달하여 어느 정도 자영농도 유지되었다. 문화적으로도 게르만 문화권이며, 라틴어를 사용했던 서유럽과 달리 비잔티움 제국의 수도 콘스탄티노폴리스는 고대 그리스 문명의 중심지였던 발칸반도 지역에 위치해 있어서 그리스 문화의 영향을 받게 된다.

	비잔티움 제국	서유럽
종교	그리스 정교(동방 정교)	로마 가톨릭
종교 지도자	황제	교황
정치	강력한 황제권(정치 + 종교)	봉건제(왕권 미약)
경제	상공업, 도시 발달, 자영농 유지	자급자족 장원제(농노)
문화, 언어	그리스 문화권, 그리스어	게르만 문화권, 라틴어

〈비잔티움 제국과 서로마 제국 비교〉

비잔티움 제국의 전성기를 이끈 황제는 6세기 중엽의 유스티니아누스 대제(527~565년)이다. 그의 가장 대표적인 업적은 게르만족이 세운 북아프리카 지역의 반달 왕국, 이베리아반도의 서고트 왕국, 이탈리아반도의 동고트 왕국 등을 차례로 정복하며 북유럽 지역을 제외한 옛 로마 제국의 영토를 거의 회복한 것이다.

평소 법학에 관심이 많던 유스티니아누스는 황제에 즉위하자마자 로마법 대전(유스티니아누스 법전)을 편찬한다. 로마법 대전은 세계 최초의 성문 법전인 함무라비 법전, 프랑스 혁명의 정신을 반영한 나

유스티니아누스 대제 초상 모자이크 일부, 이탈리아 산 비탈레 성당

폴레옹 법전과 더불어 세계 3대 법전으로 인정받고 있으며, 훗날 유럽 근대 법전의 발판이 된다.

"죽기 전 한 나라만 여행해야 한다면 터키를 가야 하고, 터키에서 하루만 있어야 한다면 이스탄불에 있어야 하고, 이스탄불에서 단 한 곳만 봐야 한다면 하기야 소피아 대성당을 봐야 한다"라는 유명한 말이 있다. 이 하기야 소피아 대성당이 바로 성 소피아 대성당으로 콘스탄티우스 대제의 아들 콘스탄티니아누스 2세가 처음 건립했다. 532년 니카의 반란으로 불타버리게 된 이 성당은 537년 화려하게 재건된다. 유스티니아누스가 그리스 물리학자와 수학자를 비롯한 10,000여 명을 동원하는 한편 제국 각지에서 대리석을 공출하여 5년 10개월의 건축 기간을 들여 완성한 것이다.

완공된 성 소피아 대성당의 웅장함과 화려함에 감탄한 유스티니아누스 대제는 "오! 솔로몬 왕이시여! 내가 당신을 이겼노라!"라고 외쳤다고 한다. 성 소피아 대성당은 비잔티움 양식을 대표하는 건축물로 화려한 모자이크 장식와 돔이 특징이다. 예수 그리스도와 성모 마

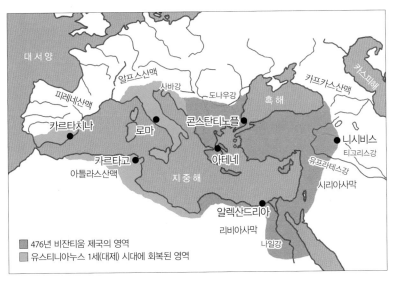

대서양

피레네산맥

알프스산맥

사바강

도나우강

흑해

카프카스산맥

카스피해

카르타치나

로마

콘스탄티노플

닛시비스

티그리스강

카르타고

아테네

유프라테스강

아틀라스산맥

지중해

시리아사막

알렉산드리아

리비아사막

나일강

■ 476년 비잔티움 제국의 영역
■ 유스티니아누스 1세(대제) 시대에 회복된 영역

유스티아니우스 때의 비잔티움 제국 영토(565년)

리아 그리고 여러 그리스도교 성인들을 표현한 모자이크는 신비롭고 장중한 느낌으로, 창문 사이로 들어오는 찬란한 빛과 함께 기둥 없이 버티는 지름 32m의 돔을 바라보면 공중에 떠 있는 기분이라고 한다.

성 소피아 대성당

성 소피아 대성당의 자이언트 돔

교황으로 시작해서 교황으로 끝나다

└ 카노사의 굴욕, 교황은 태양! 황제는 달!

정통성 문제와 성상 숭배 문제로 동로마 교회로부터 간섭받고 대립하던 서로마 교회는 정통성 확보와 군사적 보호자가 필요한 상황이었다. 서로마 교회 교황 레오 3세는 고대 서로마 제국의 영토를 대부분 회복하고 정복지마다 그리스도교를 전파하며 프랑크 왕국의 전성기를 이끌었던 카롤루스 대제에게 서로마 황제 대관(800년 12월 25일)을 한다. 카롤루스 대제로서는 일개 왕에서 황제가 되는 것이 나쁘지 않았기에 서로마 황제 대관을 받는다. 하지만 이 사건은 교황이 황제를 임명하는 선례가 되면서 이후 중세 서유럽에서 교황권이 황제권의 우위에 서게 되는 동시에 교황과 황제 간의 갈등이 발생하게 되는 계기가 된다. 이후 또 한 번의 서로마 교황의 황제 대관이 있었

는데 카롤루스 대제 사후 프랑크 왕국이 분열되면서 동프랑크 왕국을 계승한 독일 왕국의 오토 1세가 신성 로마 제국 황제 대관(962년 2월 2일)을 하게 된다.

〈샤를 마뉴(카롤루스) 대관식〉, 프리드리히 카울바흐, 막시밀리아네움

이후 서로의 필요에 의해 종교 지도자 교황과 정치 지도자 황제가 유대 관계를 유지하지만 갈등은 계속되었다. 1077년 중세 서유럽의 막강한 교황권의 힘을 보여주는 사건이 발생하는데, 그 유명한 '카노사의 굴욕'이다. 이 사건의 원인은 서임권(성직자 임명권)을 두고 교황과 황제가 대립하면서 발생한 사건이다. 황제와 영주가 관습적으로 가지고 있던 서임권에 대해 성직 매매 금지, 성직자 결혼 금지, 황제

〈카노사의 하인리히〉, 에두아르트 슈보이저, 막시밀리아네움

의 성직자 서임 금지 등 강력한 교회 개혁을 시도하려던 당시 서로마 교회 교황 그레고리우스 7세가 서임권을 행사하려고 하자 신성 로마 황제 하인리히 4세는 강력히 반발한다. 그리고 교황 폐위를 시도했으나 교황은 하인리히 4세의 파문을 선언하며 맞섰다. 대부분의 제후들은 교황 편에 섰고, 하인리히 4세는 위협을 느끼게 된다. 결국 그는 (1077년 1월 25일) 거친 수도사의 옷을 입고 맨발로 교황이 있는 이탈

리아 카노사성의 눈밭에서 3일 동안 용서를 구하는 굴욕 끝에 파문 해제를 받게 된다.

이 사건은 교황권이 황제권보다 우위임을 보여주는 상징적 사건이 되었다. 하지만 이후에도 서임권 문제로 교황과 황제의 대립은 계속 되었고, 1122년 보름스 협약에 의해 서임권은 황제에서 교황으로 완전히 넘어가게 된다. 교황권의 최전성기였던 13세기 초 교황 인노켄티우스 3세는 "교황은 태양이고 황제는 달"이라고 표현했다고 한다.

카노사의 굴욕, 하인리히 4세와 마틸다의 복수 열전의 시작

카노사의 굴욕과 관련된 유명한 그림이 있다. 이 그림은 베네딕트 수도회 수도사 도니조(Donizone)의 『마틸다의 생애(Vita Mathildis)』 삽화이다. 그림 아래는 무릎을 꿇고 있는 하인리히 4세이며, 왼쪽은 위고(Hugh) 클뤼니 수도원장이다. 그렇다면 그림 오른쪽에 있는 사람이 교황일까? 자세히 보면 여자라는 것을 알 수 있다. 이 여인은 토스카나 지방의 카노사성 영주 마틸다이다. 이 그림은 하인리히 4세가 마틸다에게 무릎을 꿇고 교황을 만날 수 있도록 주선을 부탁하는 모습이다. 그럼 마틸다라는 여인은 누구이길래 신성 로마 황제 하인리히 4세가 무릎을 꿇은 것일까?

『마틸다의 생애(Vita Mathildis)』 삽화

하인리히 4세와 마틸다의 악연은 그들의 아버지 때부터 시작된다. 마틸다의 아버지는 북부 이탈리아 토스카나 지방의 영주 보니파치오 백작이다. 보니파치오 백작은 강력한 교회 개혁 운동을 지지하던 반황제파였기 때문에 당시 독일의 왕이자 신성 로마 제국 황제인 하인리히 3세(하인리히 4세의 아버지)와는 당연히 사이가 좋지 않았다. 그러다 보니파치오 백작은 반대파에 의해 암살당하게 되고 하인리히 3세는 군사를 이끌고 토스카나를 점령하게 된다. 이 과정에서 마틸다와 그녀의 어머니는

토스카나의 마틸다 초상화

독일로 끌려가고, 두 동생이 죽게 되면서 황제에 대한 복수를 다짐하게 된 것이다.

하인리히 3세가 죽고 여섯 살의 어린 하인리히 4세가 왕이 되자 왕권은 급속히 약화되었고, 마틸다는 복수를 위해 반황제파 세력을 모으기 시작한다. 또한 클뤼니 수도원 출신 개혁파 힐데브란트를 적극적으로 지원하며 교황으로 옹립하는데 그가 바로 그레고리우스 7세이다. 그녀는 1077년 카노사의 성에서 하인리히 4세에게 멋지게 복수에 성공한다. 하지만 복수는 복수를 낳는 법! 다시 하인리히 4세의 반격이 시작된다. 카노사의 굴욕 이후 세력을 모으고 교황을 지지했던 제후들을 몰아낸 후, 1084년 로마로 쳐들어가 교황 그레고리우스 7세를 폐위시키고 클레멘스 3세를 교황으로 옹립한다. 이처럼 하인리히 4세의 반격이 성공하는 듯했지만, 마틸다는 또다시 반격을 준비한다. 그녀는 다시 반황제파를 모아 하인리히 4세를 고립시키고, 교황 우르바노 2세(훗날 십자군 전쟁을 일으킨 교황)를 옹립한다. 그리고 하인리히 4세의 아들을 포섭하여 반란을 일으키게 함으로써 하인리히 4세를 폐위시켰다. 결국 하인리히 4세는 아들들의 배신에 불행한 생을 마감하면서 마틸다와 하인리히 4세의 복수 열전은 마틸다의 승리로 끝나게 된다.

└ 신의 뜻으로 시작한 십자군 전쟁, 인간의 탐욕으로 끝나다

십자군 전쟁은 단순한 전쟁을 넘어선 그리스도교 문화와 이슬람교 문화의 충돌이라고 할 수 있으며 이로 인해 지금까지도 유럽을 포함한 서양 문화권과 이슬람 문화권이 갈등하고 대립하고 있다. 일반적으로 십자군 전쟁은 그리스도교의 성지 예루살렘을 회복하기 위한 종교 전쟁으로 알려져 있지만 이슬람 문화권의 입장에서는 유럽인의 침략 전쟁이다. 1096부터 1272년까지 약 200여 년간 8차에 걸쳐 진행된 십자군 전쟁은 역사적으로 긍정적 평가보다는 부정적 평가가 많은 편이다.

그렇다면 십자군 전쟁이 발생한 배경은 무엇일까? 유스티니아누스 대제 이후 쇠락의 길을 걷고 있던 비잔티움 제국은 급기야 1071년 만지케르트 전투에서 셀주크 튀르크에 패하고 아나톨리아 반도(지금의 터키)까지 잃게 된다. 혼자의 힘으로는 셀주크 튀르크의 압박을 감당할 수 없었던 비잔티움 제국 황제 알렉시우스 1세는 로마 교황에게 지원군을 요청한다. 로마 가톨릭 교황 우르바노 2세 또한 카노사의 굴욕 이후에도 성직자의 서임권 문제로 황제와 제후들과의 갈등이 계속되는 가운데 새로운 돌파구가 필요한 상황이었기 때문에 비잔티움 제국 황제의 요청을 받아들인다.

우르바노 2세는 프랑스 클레르몽 공의회에서 예루살렘 성지 탈환이라는 종교적 명분을 내세워 서유럽의 왕과 영주들을 독려하여 10만의 십자군을 모으고, 1095년 제1차 십자군 전쟁이 시작된다. 마

〈1099년 7월 15일 예루살렘을 탈환한 십자군〉, 에밀 시뇰

침 셀주크 튀르크는 내부 분열이 발생해 십자군에 제대로 대응하지 못하게 되고 제1차 십자군은 1099년 7월 예루살렘 함락에 성공한다. 하지만 신성한 종교적 명분으로 출발한 십자군은 이교도인 유대인과 이슬람인들을 무참히 학살하고 이슬람 유물을 파괴한 후 예루살렘 왕국을 세운다.

제1차 십자군 전쟁 승리 이후 십자군 전쟁은 모두 실패로 돌아가는데 특히 제4차 십자군 전쟁은 탐욕에 눈이 먼 최악의 십자군 전쟁이었다. 제4차 십자군 전쟁은 앞선 십자군 전쟁의 결과를 지켜본 유럽 왕들의 비협조로 시작부터 난항을 겪게 된다. 예상보다 훨씬 적은 수의 병력이 모이게 되고, 재정적으로도 문제가 발생한다. 병력 수송을 담당하기로 한 베네치아 공화국 함선에 수송비조차 지불할 수 없

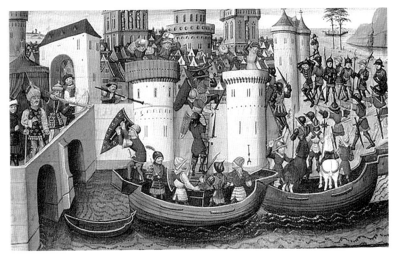

〈제4차 십자군 전쟁(콘스탄티노플 정복)〉, 데이비드 오베르

게 된 것이다. 이때 비잔티움 제국에서 쫓겨난 이사키오스 2세가 다시 왕위를 찾기 위해 십자군에 접근하여 모든 비용을 지불하겠다고 제안한다. 결국 십자군은 예루살렘이 아닌 비잔티움 제국의 수도 콘스탄티노폴리스를 공격하고 이사키오스 2세는 다시 왕이 된다. 하지만 이사키오스 2세가 약속한 비용을 지불하지 않자 십자군은 다시 콘스탄티노폴리스를 공격하게 되고 결국 비잔티움 제국은 멸망한다. 십자군은 라틴 제국을 건설하지만 1261년 멸망하고 비잔티움 제국은 다시 부활하게 된다.

십자군 전쟁이 대부분 실패한 이유는 그들이 정규 군대가 아닌 범죄자, 부랑자, 가난한 농민 등 현실 도피 목적의 사람들로 구성되어 태생적으로 문제가 있었다는 점이다. 또한 시작부터 성지 회복이라는 순수한 종교적 명분 아래 각자의 욕구와 탐욕이 가득한 목적의 전쟁이었기 때문이다. 교황은 교황권 강화, 봉건 영주와 기사들은 새로운 영토 확장, 상인은 경제적 이익, 농민은 봉건 사회에서 벗어나기 위해 희망을 꿈꾸던 전쟁이었던 것이다.

십자군 전쟁은 군사적으로는 실패했지만 중세 사회에 많은 변화를 가져온 전쟁이었다. 사회·경제적으로 폐쇄적이었던 중세 서유럽은 비단, 유리, 향신료뿐만 아니라 의학, 기수법, 십진법 등 우월한 동방 문화와 접하게 된다. 그리고 전쟁 기간 동안 동서 무역이 급증하게 되는데 그 결과 베네치아, 피사, 제노바 등 이탈리아의 항구 도시가 무역의 중심지로 성장한다. 정치·종교적으로 강력했던 교황의 권위가 땅에 떨어지게 되고 영주와 기사 계급은 몰락하는 데 반해 왕권은 성장하면서 국민 국가로 발전하는 계기가 된다. 결국 강력한 교황권을 기반으로 시작한 십자군 전쟁은 교황권을 약화시키고 중세 시대 몰락의 출발점이 된 것이다.

└ 아비뇽 유수, 하늘 아래 태양이 3개

영토를 확장하기 위해 끊임없이 전쟁을 벌이던 프랑스의 필리프 4세는 전쟁 비용을 충당하기 위해 1296년 교회와 성직자에게도 세금을 부과하려고 했고, 교황 보니파키우스 8세는 강력하게 반대한다. 필리프 4세는 교황령과의 모든 교역을 중단하면서 압박을 하게 되고, 교황이 과세권에 대해 양보하면서 갈등은 일단락되는 듯했다. 하지만 필리프 4세는 1307년 교황 측 주교들을 반역죄로 모두 가둬버린다. 교황은 주교 석방과 함께 과세권 철회를

아비뇽 궁전

명령한다. 필리프 4세는 프랑스 왕의 교회 세금 징수에 대한 동의를 얻기 위해 1302년 성직자, 귀족, 도시 대표자로 구성된 삼부회를 개최, 만장일치로 교회 과세권을 통과시킨다. 또한 로마 남동쪽 아나니 성에서 휴가를 보내던 교황 보니파키우스 8세를 체포하고 퇴위를 강요한다.

이 사건으로 교황은 충격을 받고 한 달 후 사망한다. 이후 필리프 4세는 클레멘스 5세를 교황으로 즉위시키고, 1309년 교황청을 로마에서 남프랑스로 이전했다. 교황들이 7대에 걸쳐 프랑스 아비뇽에 거주한 약 70년 동안을 교황의 아비뇽 유수(1309~1377)라고 한다. 이것은 유대인들이 바빌론으로 강제 이주된 바빌론 유수(잡아서 가두어 놓다)를 빗댄 것이다. 아비뇽 유수는 왕권이 막강했던 교황권을 장악한 것을 상징한 중요한 사건이라 할 수 있다.

1377년 교황청은 다시 로마로 옮겨오지만 아비뇽에서 새로운 아비뇽계 교황을 선출하면서 로마계 교황과 대립하게 된다. 그리고 1409년 이 문제를 해결하기 위해 피사 종교 회의에서 두 교황을 모두 폐위하고 새로운 교황을 선출한다. 그러나 두 교황 모두 이 결정을 받아들이지 않게 되고, '하늘 아래 태양'으로 불리던 교황은 3명이 되는데 이 시기를 '교회의 대분열' 시기라고 한다.

결국 1418년 콘스탄츠 공의회에서 모든 교황을 퇴진시키고 새로운 교황을 선출하면서 교회의 대분열은 종식되지만, 교황의 권위는 이미 바닥으로 실추된 상태였다. 교회는 나름대로 개혁 노력을 시도하였지만 중세 서유럽은 서서히 강력한 왕권을 바탕으로 한 국민 국가로 변화하고 있었다.

신의 시대에서 인간의 시대로

ㄴ 기사의 몰락, 백년 전쟁 : 잔 다르크여, 프랑스를 구하라!

백년 전쟁은 프랑스의 샤를 4세가 후계자 없이 사망하자 왕위 계승 문제로 프랑스와 잉글랜드(영국)가 1337년부터 1453년까지 116년간 치른 전쟁이다. 그렇다면 프랑스 왕의 계승 문제가 잉글랜드와 무슨 연관이 있었을까? 프랑스 왕 샤를 4세가 후계자 없이 죽자 왕위는 그의 사촌 필리프 6세가 승계하게 된다. 그런데 갑자기 잉글랜드

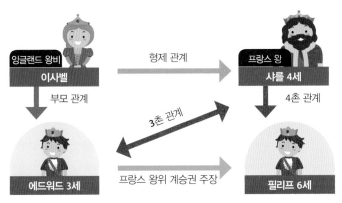

왕실 가계도

의 에드워드 3세가 프랑스 왕의 계승권이 자신에게 있다고 주장하는 데 그 이유는 에드워드 3세의 어머니 이사벨이 샤를 4세의 여동생이 었기 때문이다. 즉 샤를 4세와 에드워드 3세는 3촌 관계이고, 필리프 6세는 4촌 관계이기 때문에 자신이 왕위 계승에서 우선 순위에 있 다는 주장을 한 것이다. 프랑스는 '여성은 왕위를 계승할 수 없다'라 는 살리카법을 내세워 거절한다.

하지만 잉글랜드의 에드워드 3세가 제기한 프랑스 왕위 계승 문제 는 표면적인 명분일 뿐, 실질적인 이유는 프랑스 내 기옌 지방과 플랑 드르 지방의 경제적 이권을 확보하기 위함이었다. 기옌 지방은 잉글 랜드 왕의 영지(봉토)로 유럽 최대의 포도주 생산지였으며, 플랑드르 지방은 잉글랜드의 영지는 아니지만 프랑스 최대의 모직물 공업 지 역으로 잉글랜드의 양모를 수출, 엄청난 경제적 이득이 보장되는 곳 이었다. 결국 에드워드 3세는 프랑스 왕 계승 문제를 빌미로 기옌 지방의 권리를 인정받았고 프랑스 왕위 계승 문제는 일단락된다.

하지만 이후 필리프 6세는 잉글랜드와 스코틀랜드 전쟁에서 스코틀랜드를 지원하게 되고, 이에 격분한 잉글랜드는 플랑드르 지방으로 수출하던 양모 공급을 중단시켜 버린다. 그러자 필리프 6세는 잉글랜드 왕의 영지(봉토)인 기엔 지방을 몰수하고, 결국 1337년 잉글랜드의 에드워드 3세는 왕위 계승 문제를 공식화했고 백년 전쟁이 시작된다.

중세 시대의 전쟁은 철모와 철 갑옷을 입은 기사로 구성된 기병

〈크레시 전투〉, 『연대기』의 삽화, 장 프루아사르, 프랑스 국립 도서관

부대가 중심이었다. 프랑스는 명실공히 서유럽 내 최대의 기사를 보유하고 있었을 뿐만 아니라 최강의 기병 부대를 가지고 있는 국가였다. 〈크레시 전투〉 그림은 크레시 전투(1346년)를 표현한 삽화이다. 그림의 왼쪽이 프랑스군, 오른쪽이 잉글랜드군이다. 프랑스군의 무기는 당시 전투에서 일반적으로 사용하던 석궁이었는데 반해, 영국군은 장궁이라는 신무기를 가지고 전투에 참가했다. 장궁은 석궁보다 2~3배 멀리 날아갈 뿐만 아니라 기사의 갑옷을 뚫지 못하는 석궁과 달리 기사의 철 갑옷을 뚫을 수 있었다. 기사 중심의 기병 부대로 구성된 프랑스군은 장궁병 중심으로 구성된 잉글랜드군보다 3~4배가 많았지만 대패하고 만다.

잉글랜드는 신무기 장궁의 위력으로 크레시 전투, 푸아티에 전투 등에서 승리하며 기세를 잡는다. 이후 전쟁은 휴전과 교전을 반복했고 1428년 잉글랜드군은 오를레앙 성을 포위하게 되고 프랑스는 멸망 직전의 최대 위기를 맞게 된다. 이때 유명한 17세 소녀 잔 다르크가 등장하며 백년 전쟁의 승기는 프랑스 쪽으로 기울기 시작한다. 하지만 잔 다르크가 영웅으로까지 불리며 급부상하자 당시 프랑스 왕 샤를 7세를 비롯한 지도층

앵발리드 군사 박물관

〈잔 다르크 벽화〉, 쥘 외젠 르느뵈, 파리 팡테옹

은 매우 불쾌했고 부담스러웠다. 결국 잔 다르크는 프랑스군에 의해 잉글랜드군에 팔려가게 되고 이후 마녀재판에 회부되어 1431년 5월, 19세의 나이로 프랑스 북부 도시 루앙에서 화형을 당하게 된다.

그리고 이 시기 프랑스가 전세를 뒤집을 수 있었던 것은 또 다른 신무기의 등장 덕분이었다. 잉글랜드군이 장궁으로 프랑스군을 대파하고 승리를 이끌었다면, 프랑스군은 신무기 대포를 투입하면서 멸망 직전에서 살아나 백년 전쟁을 승리로 마무리한다. 결국 1453년 가스티옹 전투에서 잉글랜드가 항복하면서 백년 전쟁은 끝나게 된다.

백년 전쟁 이후 잉글랜드는 대륙 진출의 꿈을 완전히 접는다. 잉글랜드는 백년 전쟁 후 내부 분열로 장미 전쟁을 겪는데 그 과정에서 봉건 영주와 기사들이 몰락하면서 강력한 왕권의 근대 국가로 성장한다. 프랑스 또한 백년 전쟁 과정에서 많은 영주와 기사가 사망해 봉건 세력들은 몰락하고 중앙집권화가 빠르게 진행된다. 백년 전쟁은 이전에는 없었던 국가, 국민, 민족, 애국심이라는 개념을 탄생시켰고 국민 국가 탄생의 신호탄이 되었다.

└ 콘스탄티노폴리스에서 이스탄불로, 신의 시대에서 인간의 시대로

비잔티움 제국의 전성기를 이끌었던 유스티니아누스 대제 사망 후 비잔티움 제국은 서서히 쇠락의 길로 접어들게 된다. 특히 1071년 만지케르트 전투에서 셀주크 튀르크에 패배하면서 아나톨리아 반도(지금의 터키)를 비롯한 많은 영토를 잃게 되자 황제 알렉시우스 1세는 로마 교황에게 지원군을 요청하고, 이를 계기로 십자군 전쟁이 발발하게 된다. 하지만 성지회복이라는 원래 목적이 변질된 제4차 십자군은 1204년 엉뚱하게 콘스탄티노폴리스를 공격하고 비잔티움 제국은 아군으로 생각했던 십자군에 의해 멸망하는 수난을 겪는다.

1261년 다시 비잔티움 제국이 건국되지만 이미 국력은 약화된 상태였고, 결국 1453년 오스만 제국에 함락되면서 짧게는 395년 동·서로마 분리로부터 1,000여 년간, 길게는 기원전 27년 건국된 로마 제국으로부터 1,500여 년간의 로마 제국은 역사 속으로 영원히 사라짐과 동시에 신 중심의 중세가 끝나고 르네상스, 종교 개혁, 신항로 개척으로 대표되는 인간 중심의 근대 사회가 시작된다.

1453년 비잔티움 제국을 멸망시킨 오스만 제국 술탄 메흐메트 2세는 성 소피아 대성당의 아름다움에 감탄하여 병사들에게 다른 곳은 약탈해도 이곳은 절대 훼손하지 말 것을 명령한다. 이후 성 소피아 대성당의 그리스도교 벽화는 회칠로 덮이고, 미너렛(첨탑)이 증

〈십자군의 콘스탄티노플 입성(1204년 4월 14일)〉, 외젠 들라크루아, 루브르 박물관

〈매흐매트 2세의 콘스탄티노플 입성〉, 파우스토 조나로, 돌마바흐체 궁전

축되면서 약 500여 년간 모스크로 사용된다. 1922년 오스만 제국이 무너지고 세워진 터키 공화국의 무스타파 케말 아타튀르크 대통령은 정교 분리 정책의 일환으로 모스크로 사용되던 성 소피아 대성당을 1935년 '아야 소피아 박물관'으로 개장한다. 그리고 성 소피아 대성당의 복원 작업이 시작되면서 회칠에 가려졌던 비잔티움 제국의 흔적들이 드러나게 된다. 이 성당은 그리스도교 문화와 이슬람교 문화가 공존하는 세계적 문화유산으로 변모하고 세계적인 관광지가 된다. 하지만 터키의 레쩁 타입 에르도안 대통령이 아야 소피아를 2020년 7월 24일 다시 모스크로 바꾸면서 현재 공식 명칭은 '하기야 소피아 그랜드 모스크'이다.

중앙아시아에서 시작된 흑사병 (Pest)은 1347년 흑해에서 출발한 제노바 상선이 시칠리아 메시나항에 도착하면서 유럽 전역으로 퍼지기 시작한다. 기록에 따르면 메시나 항에 도착한 선단 대부분의 선원들은 사망한 상태였고, 생존자들 또한 전신이 고름으로 가득 차고 검게 변해 죽어가고 있었다고 한다.

그리고 배에 있던 쥐들이 육지로 내려오면서 유럽에 본격적으로 흑사병이 유행하기 시작하고 4년여 만에 전 유럽을 공포로 뒤덮어버린다. 당시 중세 유럽은 위생 개념과 의료 기술이 발달하지 않았고 종교적 신념이 강했기 때문에 흑사병의 원인을 신의 저주, 천체의 변화, 유대인의 음모 등으로 생각해서 극단적인 사회 혼란이 발생한다. 특히 사

〈Doktor Schnabel von Rom(로마 지방의 부리가면 의사)〉, 파울 페르스트

람들은 종교에 절대적으로 매달리게 된다. 하지만 성직자들마저 흑사병을 두려워하고 죽어 나가자 교회와 신앙에 대한 회의적 분위기도 생겼다. 결국 흑사병으로 중세 서유럽 인구의 1/3~1/2이 죽게 된다.

흑사병의 대유행 후 중세 유럽은 종교, 문화, 교육, 사회, 경제 등 사회 전반에서 변화의 바람이 분다. 막강했던 교회의 위상은 실추되고, 존 위클리프를 필두로 한 종교 개혁이 시작된다. 또한 급격한 인구 감소로 노동력이 부족해지자 노동자의 임금은 상승하고, 농노들은 도시로 가서 상인이 되거나, 방치되고 있던 땅을 사들여 자영농이 되면서 일부는 중산층으로 성장하기도 한다. 이러한 과정으로 장원을 기반으로 한 중세 봉건 제도는 무너지기 시작한다.

르네상스와 절대 왕정

신이 중심이었던 중세 시대를 벗어나 '인간'이 중심이 되는 세상을 살았던 르네상스 시대 사람들은 어떤 생각과 생활 모습을 가지고 살았을까? 시스티나 성당에서는 찬란했던 고대 문화로의 회귀를 꿈꾸던 르네상스 시대의 그림이 중세 시대와 어떻게 달라졌는지 질문을 던져 본다. 루터 하우스에서는 신 중심의 사회에서 인간 중심의 사회가 된 시대가 종교에 끼친 영향을 살펴보고 결정적으로 종교 개혁이 일어나게 된 이유를 묻는다. 그리고 웨스트민스터 사원에서는 유럽 최대 강대국이 된 영국이 절대 왕정을 갖게 된 배경과 그로 인해 변화된 유럽 사회에 대해 질문을 던져 본다.

시스티나 성당에서 만난 천지창조

└ 찬란했던 고대 문화로의 회귀

아래의 그림은 미술에 관심이 없는 사람이라고 할지라도 누구나 한 번쯤 본 그림일 것이다. 책, 영화, CF, 각종 패러디 등에 자주 등

〈아담의 창조〉, 시스티나 성당 천장 벽화의 일부분

시스티나 성당 박물관   미켈란젤로의 시스티나 성당 천장 벽화

장하는 이 작품을 우리는 흔히 '천지 창조'라고 하지만 정확한 작품의 이름은 〈아담의 창조〉이다. 그렇다면 이 그림은 어느 미술관에 보관되어 있을까? 이 그림은 미술관이 아닌 시스티나 성당의 천장에서 볼 수 있다. 심지어 하나의 단독으로 된 작품이 아니라 여러 작품이 모여 있는 천장화의 일부분이다.

바티칸 시국에 위치한 시스티나 성당은 교황 식스토 4세가 성모 마리아에게 바친 성당으로 유명하다. 성당 안으로 들어가면 르네상스 시대의 작품들을 쉽게 찾아볼 수 있는데, 성당 천장에 화려하게 그려진 그림은 미켈란젤로가 그린 작품으로 세계 최대의 벽화로 손꼽힌다. 이 벽화에는 창세기에 관한 9개의 장면이 그려져 있다. 노아에 관한 세 가지 이야기, 아담과 이브에 관한 세 가지 이야기, 마지막으로 천지를 창조한 세 가지 이야기가 바로 그것이다. 이 9가지 장면 가운데 한 장면이 우리가 흔히 '천지 창조'라고 부르는 〈아담의 창조〉인 것이다. 미켈란젤로는 천장화의 완성을 위해 4년이란 시간을 투자했다. 심지어 천장 밑에 세운 작업대에 앉아 고개를 뒤로 젖히고 그림을 그린 탓에 목과 눈에 이상이 생기기도 했다.

이렇게 엄청난 시간과 노력을 쏟아 부은 그는 '시스티나 성당 천장화'라는 대작을 혼자 완성했다. 후에 대문호 괴테는 그의 작품을 보고 "시스티나 성당을 보지 않고서, 한 인간이 어느 정도의 일을 해낼 수 있는지 직관적으로 상상하는 것은 불가능하다"라는 말을 남겼다. 괴테의 말을 통해 그의 작품이 얼마나 완성도 높은 명작이었는지 짐작할 수 있을 것이다.

미켈란젤로가 활동하던 시기는 15세기로 당시 유럽은 중세 시대에서 요구하던 순종적인 인간상에서 벗어나 자유로운 인간상을 추구하던 시대였다. 다시 말해 인간 본연의 개성과 자유를 존중해야 한다고 주장하며 휴머니즘을 강조하였다. 르네상스라는 단어 역시 프랑스어로 '재생'을 뜻하며, 로마 시대의 고전을 부활시키자는 의미가 함축되어 있다. 그렇다면 왜 15세기 유럽인들은 고대로의 회귀를 원했을까? 어떤 사회적 변화가 그들을 휴머니즘이 강조된 인문주의에 열광하게 만들었을까?

르네상스 이전의 중세 시대는 가톨릭 교회가 중심이 되던 사회로 교회는 사람들의 생활과 정신을 지배하였다. 그렇기 때문에 신을 숭배하고 따르는 문화가 존중되던 시대였고, '문화의 암흑기'라고 불릴 정도로 인간의 창의성이 철저히 무시된 시대였다. 이를 '고딕 문화'라고도 하는데, 고딕 문화의 특징은 단연 성당의 건축에서 찾을 수 있다.

그들에게 성당은 성경을 입체적으로 옮겨놓은 하나의 상징물이었다. 따라서 하늘을 찌를 듯한 모양의 탑은 천국에 좀 더 가까이 가고자 하는 중세 시대 사람들의 소망을 담은 것이었고, 찬란한 빛이 성당을 가득 채우게 해주는 스테인드글라스는 고딕 문화를 상징하는 대표적인 기법이었다. 중세 시대 문화의 중심은 '인간'이 아닌 '신'이었다. 하지만 중세 시대가 무너지고 근대 시대가 도래하면서 고딕 문화를 비판하고 '신'이 아닌 '인간'이 중심이 되는 세상을 꿈꾸는 사람들이 많아졌다. 그들은 인간의 존엄성을 중시하고 창의성을 발휘하고자 하는 염원을 담아 중세 이전의 시대, 다시 말해 고대 시대로의 회귀를 외쳤고, 그로 인해 르네상스가 탄생하게 된 것이다.

르네상스는 미술에만 국한된 것이 아니었다. 미술뿐만 아니라 문학, 건축, 심지어 그 시대에 중심이 되는 사상에까지 영향을 미친 다방면에 걸친 하나의 문화였다. 이러한 문화는 이탈리아에서 시작되어 프랑스, 독일, 영국 등 서유럽 전역에 전파되었고 이후 근대 유럽 문화의 기반이 되었다.

르네상스 문화가 시작된 이탈리아의 14~15세기는 혼란 그 자체였다. 계속되는 전쟁과 흑사병으로 인해 인구가 감소했고, 경제적으로 큰 타격을 입었다. 그로 인해 봉건적 지배 체제가 무너져갔다. 경제적, 정치적으로 모두 불안정했던 상황에서 정치적 지배 계층은 무너져가는 자신들의 입지를 자기 과시로 표출하기 시작했다. 그래서 그들의 정치적 요구에 따라 그림이 그려졌고, 과시용 건축물이 지어졌다. 결과적으로 재능 있는 예술가들에게 다양한 기회가 주어지게 되었고, 이것이 르네상스 문화의 발달에 기여하게 되며 전성기를 맞이하게 된 것이다.

└ 르네상스의 3대 거장

르네상스 3대 거장이라 하면 우리는 흔히 레오나르도 다빈치, 미켈란젤로, 라파엘로를 꼽는다. 그들은 정치적 지배 계층의 후원을 받으며 수많은 명작을 남겼다. 15세기 후반 이탈리아는 귀족들이 동맹을 맺음으로써 계속되던 전쟁을 멈췄다. 그로 인해 전쟁에 들어갈 자원

〈최후의 만찬〉, 레오나르도 다빈치, 산타 마리아 델레 그라치에 성당

이 예술이나 도시 발전에 사용됨으로써 이탈리아는 점점 안정되어 갔다. 또 국경이 없어지면서 예술가의 이동이 많아졌고, 르네상스 문화는 점점 더 빠르게 전파될 수 있었다.

레오나르도 다빈치는 역사상 가장 호기심이 많은 인물이라는 평가를 받는다. 그는 자유로운 영혼이었고, 아이디어 제공자였으며, 직관력이 뛰어난 사람이었다. 우리는 그를 화가라고만 단정 짓지 않는다. 그는 뛰어난 화가였고 물리학자였으며, 의사, 건축가이자 작곡가였다. 인류, 사상, 과학, 해부학 등 다방면에 관심이 많았고 뛰어난 상상력을 발휘하였다. 한마디로 그는 열정에서 비롯된 천재성을 가졌다. 하지만 다빈치는 전문가가 아니었기 때문에 아이디어를 실현시킬 수 없었다. 하늘을 나는 비행기를 상상했지만 비행기를 직접 제작하지는 못했다.

밀라노에 위치한 산타마리아 델레 그라치에 성당에 있는 〈최후의 만찬〉 역시 다빈치의 열정에서 비롯된 명작 가운데 하나이다. 그는 이 작품을 그리기 전 무려 2년여 동안 예수와 12명의 제자들에 대해 연구했다. 그렇게 해서 탄생한 〈최후의 만찬〉은 다른 종교화와는 달리 각각의 인물들에 서사를 부여하고, 감정과 숨결을 불어넣어 섬세하게 표현하고 있다. 또한 원근법을 사용한 대표적인 작품으로, 벽을 안쪽으로 급격히 좁아지도록 그려 공간이 확장된 느낌을 준다.

원근법은 르네상스에 도입된 혁명적인 표현 기법으로 이를 통해 이전에는 회화적으로 표현하지 못했던 주제들을 사실적으로 표현할 수 있게 되었다. 다빈치는 〈최후의 만찬〉을 프레스코 기법으로 그렸

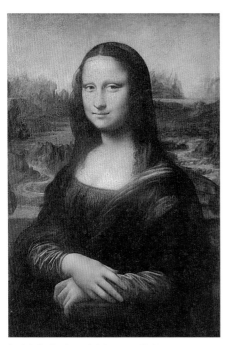
〈모나리자〉, 레오나르도 다빈치, 루브르 미술관

다. 하지만 계속 탐구하고 지식을 습득하며 그림을 그리던 다빈치에게 이 기법은 맞지 않았다. 프레스코화는 회반죽을 바른 벽이 마르기 전 그림을 그려야 하는 기법으로 속도가 생명이기 때문이었다. 게다가 산타 마리아 델레 그라치에 성당의 벽은 습기가 많은 벽으로 프레스코화를 그리기에 열악한 환경이었다. 결국 다빈치는 다양한 방법을 동원하여 작품을 완성시켰지만 안타깝게도 현존하는 작품은 훼손이 심한 편이다.

세계에서 가장 유명한 초상화 〈모나리자〉는 다빈치가 사망하던 1519년에 완성된 작품이다. 사실 모나리자의 수수께끼 중 하나인 눈썹의 유무로 봐서 이것이 완성된 작품인지 미완성된 작품인지 확인할 방법이 없다. 당시에는 이마가 넓은 것이 미인의 조건이었기 때문에 눈썹을 그리지 않았다는 이야기도 있고, 다빈치가 인물을 입체적으로 표현하기 위해 유화를 덧발라 그림을 그려 눈썹이 떨어져 나갔을 것이라는 이야기도 있다. 〈모나리자〉는 신비로운 여인의 미소를 표현하기 위해 스푸마토 기법을 사용하였다. 스푸마토 기법은 윤곽선을 일부러 흐릿하게 그려 경계를 없애는 방법으로 〈모나리자〉 역시 입 가장자리를 뿌옇게 표현함으로써 마치 움직이는 것과 같은 느낌으로 표현했다. 이 기법으로 인해 모나리자의 미소가 신비롭고 부드러워 보이는 것이다.

다빈치가 왕성한 호기심을 바탕으로 다양한 아이디어를 제공한 인물이라면 그에게 영감을 받았던 라파엘로는 다빈치의 아이디어를 뛰어난 그림 실력으로 표현해낸 인물이었다. 사실적 묘사를 중요시했던 르네상스 화가들의 정점에 서있던 인물이 바로 라

〈아테네 학당(school of Athens)〉, 산치오 라파엘로, 바티칸 미술관 스텐차 델라 세나투라

파엘로이다. 그의 대표작인 〈아테네 학당〉은 바티칸 미술관에 소장되어 있다. 이 작품에서 가장 유명한 부분을 꼽으라면 플라톤과 아리스토텔레스가 그려진 부분을 떠올릴 수 있을 것이다.

〈최후의 심판〉, 미켈란젤로, 시스티나 성당

이데아에 대해 설명하는 플라톤은 손가락으로 하늘을 가리키고, 윤리학에 대해 설명하는 아리스토텔레스는 손가락으로 지상을 가리키고 있다. 이것은 아리스토텔레스 사상과 르네상스로 떠오른 플라토니즘의 대비와 조화를 표현한 것이다. 그리고 주변에는 제자들이 둘러싸고 있는데, 그리스의 기학자 유클리드뿐만 아니라 철학자인 디오게네스 등 저명한 학자와 위인들도 그려져 있다. 또 하나 흥미로운 점은 저명한 인물들 사이에 그림을 관람하는 사람들을 처다보고 있는 라파엘로의 모습도 있다는 것이다.

단테의 『신곡』과 보카치오의 『데카메론』

이탈리아 작가 보카치오의 『데카메론』은 중세 시대를 지배하던 이념을 걷어내고, 현실 세계의 일상적인 삶을 당시 대중들이 많이 사용하던 이탈리아어로 쓴 작품이다. 중세 시대에는 지금 우리가 살고 있는 현실보다 죽음 이후의 삶이 더 중요하다고 생각했다. 그렇게 때문에 개인의 욕망을 억누르고 신의 뜻에 따라 기독교적 구원을 받고자 했다. 이러한 시대적 상

단테와 『신곡』, 피렌체 대성당

황 속에서 보카치오는 의심스러운 내세의 삶보다는 현실에서의 삶이 더 중요하다고 생각하는 사람 가운데 하나였다. 그래서 그의 작품에는 단테의 『신곡』과 반대로 우리 일상에서 일어날 수 있는 지극히 현실적인 이야기들이 대부분이다.

지극히 현실적인 이야기들로 가득 차 있다 보니 100개나 되는 이야기 가운데는 우리가 도덕적으로 납득할 수 없는 이야기들도 존재한다. 이렇게 사소하고, 한편으로는 도덕적인 판단이 되지 않는 이야기들을 묶어 놓은 책이 어떻게 고전으로 인정받을 수 있는지 의문이 들 수도 있다. 보카치오는 이것이 진짜 현실이라고 이야기한다. 현실은 잘 짜인 각본이 아니기 때문에 무조건 공정하지도 않고, 무조건 도덕적이지도 않다. 하지만 그는 그러한 현실

『데카메론』 속 삽화, 보카치오

을 부정하고 괴로워하기보다는 현실을 있는 그대로 받아들이며 저마다 운명에 충실한 삶이 중요하다고 말하고 있다.

『데카메론』에서는 신에게 오롯이 의지하는 삶이 아닌 자신의 재능을 발휘하는 삶을 살아가는 인물들의 이야기를 담고 있다. 이미 페스트로 인하여 인간은 언제 죽을지 모르는 유한한 존재임을 깨달은 사람들은 명성만이 인간의 유한성을 대체할 수 있는 것이라고 생각했기 때문이다. 명성을 얻기 위해서는 자신이 가지고 있는 재능을 발휘해야만 하고, 이것은 근대 사회의 중심 사상인 르네상스의 생각과도 맞물려 있다. 다시 말해 보카치오는 개인의 능력, 평등, 민주주의와 같은 근대적인 가치들을 당대의 일상에서 포착하여 이 작품에 녹여냈다. 이것이 단테의 『신곡神曲』과 반대로 『데카메론』을 '인곡人曲'이라고 부르는 이유이기도 하다.

루터 하우스에서 만난 종교 개혁

└ 기부금만 내면 죄를 용서 받는다고?

기부금만 내면 죄를 용서 받을 수 있는 시대가 있었다. 돈이 많은 사람들은 자신의 죄뿐만 아니라 부모, 자식의 죄까지 돈으로 용서 받을 수 있었다. 말도 안 되는 상황이라고 생각하겠지만 15세기 유럽에서는 당연시되던 상황이다. 이것이 바로 흔히 말하는 면죄부, '면벌부'이다. 면벌부는 말 그대로 죄를 용서 받아 그 죄로 인해 현생에서나 연옥에서 받아야 할 벌을 면제 받게 해준다는 것이다. 어떻게 이런 상황이 존재할 수 있었던 것일까?

마틴 루터

당시 타락의 극점을 달리고 있었던 중세 교회는 계속되는 십자군 전쟁으로 인해 엄청난 인명과 재산 피해를 입었다. 심지어 재정적으로도 매우 힘든 시기였다. 이러한 상황 속에서 교황청은 하나의 해결책으로 '면벌부'라는 카드를 꺼내들었다. 십자군 전쟁에 참여하여 전

면벌부

사하거나 돌아오는 사람들은 모두 죄를 없애 주겠다는 약속을 함으로써 전쟁에 나가는 것을 독려했다.

죄를 없애 주는 관행은 면벌부 판매 이전부터 가톨릭에서 이어져온 오래된 종교 의식이다. 고해성사를 통해 사제에게 죄를 용서받는 형식으로 말이다. 하지만 전쟁이라는 특수한 상황 속에서 고해성사를 할 수 없는 참전자들을 위해 면벌부가 보편화되기 시작하였고, 이후 이것은 면벌부만 구입하면 연옥에서의 고통도 줄고, 천국으로 갈 수 있다는 믿음으로 변하게 되었다. 돈이 많은 부유층에서는 자신과 가족을 위해 면벌부를 구입하게 되었고 이것은 하나의 유행처럼 번져갔다. 이로써 중세 교회는 면벌부 덕분에 재정 악화 문제도 동시에 해결할 수 있게 되었다.

하지만 중세 교회가 이렇게 타락했다고 해서 중세인들이 종교 생활에 나태했을 것이라는 생각은 버리는 것이 좋다. 중세 시대는 '종교의 시대'라고 할 정도로 종교가 사회의 모든 면을 지배했던 시기였다. 중세 유럽인들은 정규적으로 교회에 참석하고 미사를 드렸다. 성당의 수는 계속 증가했고, 종교화의 발전은 실로 대단했다. 이단교의 수는 줄었고 태어나면서부터 죽을 때까지 종교는 사람들의 삶 속에서 중심을 이루고 있었다. 아무도 이런 상황 속에서 가톨릭이 분열되고 개

〈십계명〉, 루카스 크라나흐, 독일 루터 하우스

혁을 주장하는 종교 개혁이 일어날 거라고는 상상하지 못했다. 하지만 실상은 이와 조금 달랐다.

가톨릭이란 '보편적'이라는 뜻의 그리스어인 katholikos에서 유래했다. 특정 계층이 독점하는 것이 아닌 누구나 보편적으로 신의 구원을 받을 수 있다는 의미이다. 하지만 시간이 흐르며 가톨릭 교회는 보편적인 누구나가 아닌 교회만이 신의 구원을 얻을 수 있다고 주장하였다. 다시 말해서 교회를 통하지 않고서는 어느 누구도 구원을 받을 수 없다는 입장이었다.

당시 유럽인들의 삶은 굉장히 고달팠다. 페스트균으로 인한 흑사병이 전 유럽을 휩쓸었고, 농업 기술의 낙후로 수확률은 늘 불안정했다. 십자군 전쟁뿐만 아니라 수많은 전쟁은 사람들의 목숨을 앗아갔다. 사람들은 교회에 의지했지만 현실적으로 교회는 그들에게 아무런 도움을 주지 못했다. 교회를 통해 구원을 받으라고는 했지만 현재의 삶이 너무 가혹하여 죽음 이후의 구원을 생각할 여유가 없었다. 그들에게는 지금 당장 죽음의 공포로부터 벗어나는 것이 더 중요했다. 그로 인해 가톨릭이 삶을 지배하는 시대에 살았지만 평범한 사람들 사이에서는 미신과 초자연적인 마법이 유행하는 불일치의 시대이기도 했다.

앞서 언급했듯이 십자군 전쟁 이후 하나의 종교 관행으로 이어져 온 면벌부 판매와 일반인들의 종교와 삶의 불일치 상황을 겪으며 교회 내부에서는 끊임없는 비판이 일어났다. 이에 젊은 신학자들을 중심으로 교회가 내세우는 권위 대신 개인의 신앙심을 중심으로 하는 종교가 되어야 한다는 목소리가 높아지게 되었다. 면벌부 대신 신에 대한 모든 것이 담겨있는 성서를 통해 종교 생활을 해야 하고, 교회는 초심으로 돌아가야 한다는 주장이 일어나기 시자했다.

∟ 인쇄술이 없었다면 종교 개혁도 없었다

종교 개혁의 시작은 루터였다. 독일의 젊은 무명 신학자였던 루터는 부패된 교황청에 반발하며 「95개조 반박문」을 발표하였다. 이 반박문에는 면벌부의 부당함과 인간의 구원에 대한 그의 생각이 담겨있다. 신의 대리자인 교황이나 사제가 인간의 죄를 사면해준다는 것이 면벌부의 핵심 내용인데, 루터는 신의 대리자이기 이전에 인간인 교황과 사제는 같은 인간의 죄에 대한 사면권이 없다고 주장한 것이다. 인간의 죄는 오로지 신을 통해서만 구원받을 수 있고, 이러한 믿음이 기독교의 핵심이 되어야 한다는 것이다.

작은 시골 마을의 무명 신학자가 발표한 내용치고는 꽤나 파격적인 내용이었다. 이에 교황청에서는 루터에게 「95개조 반박문」을 철회해줄 것을 요청하였고, 강직한 성격의 루터는 이를 거부하였다. 오히려 교황청 대변인과의 공개 논쟁을 통하여 루터는 더욱 그 이름을 널리 알리게 되었다.

95개조 반박문(비텐베르크 성 교회)

루터와 가톨릭의 핵심 목적은 '인간의 구원'으로 사실상 동일하다. 하지만 구원을 바라보는 시각에 차이가 있는 것이다. 가톨릭은 신과 인간의 매개체로써 교회의 역할이 절대적으로 필요하다는 입장이었고, 루터는 교회 역시 인간이기에 개인의 믿음만 있다면 교회의 역할은 필요하지 않다는 입장이었다. 루터는 성직자를 부정하고, 더 나아가 가톨릭의 종교 의식까지도 부정하였다. 오로지 성서만을 강조할 뿐이었다. 이러한 사실은 타락한 중세 교회에 실망한 많은 사람들에게 공감을 얻었고, 결국 루터는 교황청에서 파문 당하게 된다.

루터의 사상이 꽤나 파격적이긴 하지만 그렇다고 루터 이전에는 이러한 주장이 없었을까? 당연히 아니다. 루터 이전에도 타락한 교회에 대한 반발이 있었고, 교회의 개혁에 대한 주장은 끊임없이 있었다. 하지만 이러한 주장은 단순히 교회 내부의 갈등으로만 끝났고, 루터와 같이 엄청난 파급력으로 확산되지는 못하였다. 그렇다면 이유는 무엇인가?

우선 사상이 확산되기 위해서는 지지자가 필요하다. 지지자를 양산할 수 있도록 도와준 기술이 바로 '인쇄술'이었다. 인쇄술은 루터의 사상을 유럽 전역으로 전달해준 매개체였다. 「면벌부와 은총에 대한 설교」라는 문서는 인쇄술을 통해 한 해 동안 약 만 4,000부가 인쇄되었고, 1524년까지 약 100만 부가 배포되었다. 루터의 글은 팸플릿의 형태로 제작되어 독일에서 시작하여 유럽 전역으로 확산되었다. 우리가 지금도 사용하고 있는 팸플릿이라는 단어의 어원을 찾아보면 독일어 Flugschriften에서 유래되었는데, 이 단어는 '돌아다니는 문서'라는 뜻이다.

루터는 성경을 독일어로 번역하기도 하였다. 기존의 성경은 라틴어로 되어 있어 교회의 성직자들만 볼 수 있었다. 그렇기 때문에 성경의 내용을 알기 위해서는 오로지 성직자들에게 의존해야만 했다. 이에 루터는 누구나 쉽게 성경을 접할 수 있도록 독일어로 번역 하기 시작했다. 이렇게 번역된 성경은 인쇄술을 통해 널리 확산될 수 있었고, 이를 접한 많은 사람들은 부패한 교회를 비판함과 동시에 루터를 지지하게 되었다. 다시 말해 인쇄술이라는 기술로 인해 루터의 사상은 유럽 전역으로 확산되었고, 사상을 접한 많은 시민들은 루터의 열렬한 지지자가 되었던 것이다.

독일어로 출판된 루터 성경

인쇄술 못지않게 당시 독일의 정치 지배자들의 아낌없는 지원 역시 루터의 사상이 크게 발전하는 데 기여했다. 교황청으로부터 많은 제약을 받던 독일 정치 지배자들은 교황청을 공격하는 루터의 사상이 마음에 들었다. 그렇기 때문에 루터를 교황청으로부터 보호하고 적극 지지함으로써 그의 사상이 힘을 가질 수 있도록 지원했다. 이러한 사회적 분위기에 힘입어 루터의 사상은 힘을 얻게 되었고, 누구도 예상하지 못한 시대에 종교 개혁이란 업적을 이룰 수 있었던 것이다.

영국 역시 독일과 마찬가지로 종교 개혁이 일어났다. 하지만 영국의 종교 개혁은 루터가 중심이 된 독일의 종교 개혁이나 장 칼뱅이 중심이 된 스위스의 종교 개혁과는 달랐다. 루터나 장 칼뱅이 기존의 가톨릭의 문제점을 비판하며 종교 개혁을 시작하였다면 헨리 8세는 단순히 결혼을 위해 국교였던 로마 가톨릭을 버리는 종교 개혁을 시작했기 때문이다.

결혼을 위해 국교를 바꾼 헨리 8세

헨리 8세는 왕위에 올랐던 형이 일찍 죽자 형수였던 캐서린과 결혼하였다. 당시 18세였던 그는 예술과 문학에 관심이 많은 소년이었고, 왕비 캐서린과의 사이도 좋았다. 하지만 둘 사이의 자식은 딸 메리 공주가 유일하였다. 영국을 이제 막 장악한 튜터 가문의 헨리 8세는 누구보다 자신의 후계자가 될 아들이 필요했다. 물론 후에 그의 뒤를 이은 것은 아들이 아닌 딸 메리 공주였지만 그 당시 헨리 8세는 넓은 영국 영토를 공주가 승계할 경우 왕위를 노리는 주변 세력의 위협이 두려웠다. 결국 캐서린에게서 마음을 돌린 그는 시녀였던 앤 볼린에게 마음을 빼앗겼고, 그녀와 결혼하기 위해 캐서린과의 이혼이 필요했다.

헨리 8세

하지만 캐서린과의 이혼은 쉽지 않았다. 당시 유럽에서 결혼과 이혼은 교황청의 허락이 있어야만 가능했기 때문이다. 교황청에서는 캐서린과의 이혼을 허락하지 않았다. 여러 가지 이유가 있었지만 캐서린이 교황청의 가장 큰 지지 세력이었던 신성 로마 제국 황제의 이모인 이유가 컸다. 헨리 8세는 매우 화가 났고, 더 이상 교황청의 지시를 따르지 않았다. 마침 독일에서 일어난 종교 개혁을 통해 가톨릭과의 결별이 가능하다고 판단했다. 결국 그는 영국 국교회를 선포하고, 영국에서는 교황이 아닌 국왕이 교회의 수장임을 선포했다. 이렇게 가톨릭 세력을 몰아내고 종교 개혁을 강행한 그는 자신의 뜻대로 캐서린과 이혼하고, 앤 볼린과 결혼할 수 있게 되었다.

결혼을 위해 가톨릭과의 결별을 선택했지만 그렇다고 그가 신앙 자체를 부정한 것은 아니었다. 새로운 종파를 만들기 위해 종교 개혁을 한 것이 아니기 때문에 영국의 국교가 된 영국 국교회(성공회)는 기존 가톨릭의 교리와 관습이 상당히 비슷하였다. 그래서 개신교와 가톨릭을 절충한 형태의 새로운 종교가 탄생하게 된 것이다.

웨스트민스터 사원에서 만난 절대 왕정

└ 16세기 영국의 라이벌 여왕

16세기 영국은 유럽의 약소국에서 유럽 최고의 강대국으로 발돋움했던 시기라고 해도 과언이 아니다. 이 시기 영국을 다스렸던 왕은 바로 엘리자베스 1세이다. 엘리자베스 여왕은 헨리 8세의 둘째 딸이자 메리 여왕과는 자매 사이였다. 헨리 8세는 첫 번째 부인 캐서린과의 사이에서 딸 메리를 낳았고, 영국 종교 개혁의 이유가 된 두 번째 부인 앤 불린과의 사이에서 딸 엘리자베스를 낳았다. 하지만 딸이 아닌 자신의 뒤를 이을 아들을 절실히 원했던 헨리 8세는 결국 세 번째 부인 시모아와의 사이에서 아들 에드워드를 얻게 된다. 에드워드

웨스트민스터 사원

엘리자베스 1세

는 왕이 된 지 얼마 되지 않아 병으로 사망했다. 아들이 왕이 되길 간절히 원했지만 그의 바람과는 다르게 딸들이 왕위를 계승할 수밖에 없는 상황이 되고 만 것이다.

헨리 8세가 사망하고 그의 첫 번째 딸이었던 메리가 여왕이 된다. 당시 유럽의 군주는 대대로 남자가 맡아 왔다. 왕은 권력을 사용하는 자이며 동시에 권력을 지키기 위해 싸우는 자라고 생각했기 때문이었다. 여자는 남자에 비해 육체적으로나 정신적으로 약하다고 생각하던 시대였기 때문에 군주의 자리는 항상 남자가 차지했다. 이런 시대적 상황 속에서 여왕 메리가 탄생한 것이다.

통치가 쉽지는 않았지만 영민했던 메리 여왕은 자신의 의지대로 영국을 다스리기 시작했다. 특히 개신교로 인해 자신의 어머니인 캐서린이 이혼을 당하고 여왕의 자리에서 쫓겨났기 때문에 그녀는 여왕이 되자마자 개신교를 탄압하고, 로마 가톨릭의 복권을 위해 노력했다. 개신교를 탄압하는 과정에서 수많은 사람들이 피를 흘리게 되었고, 후에 메리 여왕은 '피의 메리'라는 불명예스러운 별명을 얻기도 했지만 결국 로마 가톨릭을 부활시켰다. 하지만 로마 가톨릭을 이어나갈 후계자가 없었던 그녀는 개신교였던 배

메리 1세

다른 동생 엘리자베스를 후계자로 지목한다. 그렇게 당시 최강국이었던 스페인의 무적 함대를 격파한 영광의 왕으로 기억되는 '엘리자베스 1세' 여왕이 탄생하게 된다.

엘리자베스 1세가 여왕이 되고 영국은 유럽 강대국의 반열에 올라서게 되었고, 영국인들의 자부심도 드높아지기 시작했다. 명민했던 엘리자베스는 언니였던 메리 여왕을 통해 여자로써 한 나라의 통치자가 되기 위해 어떻게 처신해야 하는지 잘 알고 있었다. 그녀는 결혼은 위험한 것이라고 판단했다. 그래서 엘리자베스 1세는 "나는 영국과 결혼했다"라는 유명한 말을 남기며 평생 결혼하지 않고 독신으로 살았다. 그리고 로마 가톨릭과 개신교 사이에서 또 다시 수많은 사람들이 희생되지 않도록 영국 국교의 입장을 명확히 하였다. 개신교를 영국 국교로 인정하는 동시에 로마 가톨릭적 요소를 받아들인 것이다. 다시 말해 왕이 교회의 최고 통치자이며, 그 아래에 주교, 사제 등이 있는 '주교 제도'를 도입하였다. 왕 위에 교황이 존재했던 기존의 종교계를 뒤집고, 종교 위에 왕이 존재하는 절대 군주의 모습을 보여주는 대표적인 예이다.

하지만 모든 면에서 완벽해 보이던 엘리자베스 1세에게도 약점은 있었다. 바로 혈통의 문제였다. 헨리 8세는 아들을 원했기 때문에 딸이었던 메리와 엘리자베스를 서자 취급했다. 영국의 왕은 적자에서만 나올 수 있었기 때문에 사실 메리와 엘리자베스는 왕이 될 수 없는 신분이었다. 오히려 사촌이었던 스코틀랜드 여왕 메리 스튜어트가 정식으로 튜더 왕가의 혈통을 이어받았기 때문에 영국의 왕이 될 수 있는 위치였다. 이러한 상황 속에서 엘리자베스 1세는 자신의 통치권을 더욱 공고히 하기 위해 노력했고, 이러한 노력은 그녀를 성군의 자리로 이끌었다. 엘리자베스 1세와 메리 스튜어트라는 라이벌 여왕이 있었기에 '해가 지지 않는 나라'라는 별칭을 가진 대영 제국으로 도약할 수 있게 된 것이다.

이후 메리 스튜어트는 엘리자베스 1세의 왕위를 노린다는 계략에 휩쓸려 단두대의 이슬로 사라지게 되었고, 결혼을 하지 않아 자식이 없던 엘리자베스 1세는 자신의 후계자로 메리 스튜어트의 아들인 제임스 1세를 지목하게 된다. 스코틀랜드의 왕이었던 제임스 1세(스코틀랜드 제임스 6세)는 엘리자베스 1세가 죽고 난 뒤 영국의 왕을 겸임하게 되며 영국과 스코틀랜드를 통합하여 통치했다. 이렇게 영국과 스

에드워드 왕의 어좌(대관식 직후 착석하는 목재 의자), 웨스트민스터 사원

엘리자베스 1세 여왕의 무덤, 웨스트민스터 사원

코틀랜드는 연합 왕국을 형성하게 된다.

∟ 유럽의 절대 왕정과 대영 제국의 시작

영국의 엘리자베스 1세나 스페인의 펠리페 2세, 프랑스의 루이 14세와 같이 왕이 절대적인 권력을 행사하는 정치 형태를 절대 왕정이라고 한다. 중세에서 근대로 넘어가는 과도기적 단계인 절대 왕정은 강력한 왕권으로 나라를 지배했다. 대부분의 서유럽 나라에서 절대 왕정의 모습이 많이 나타났는데 이러한 이유로 세계를 무대로 활약하는 '대항해 시대'를 이끈 나라 가운데 스페인, 영국, 프랑스와 같은 서유럽 나라들이 많다.

절대 왕정을 이끌었던 엘리자베스 1세가 통치하는 영국은 말 그대로 태평성대였다. 먹을거리가 풍성했고, 무역과 상업도 번성했다. 흉년이 들어 먹을거리가 부족해지면 여왕은 백성들을 위해 현대 복지 국가에서 실시할 법한 정책을 펼

펠리페 2세

엘리자베스 1세

루이 14세

처 백성들을 구했다. 그로 인해 엘리자베스 여왕은 백성들로부터 더욱 큰 사랑과 존경을 받았다. 그렇다고 그녀의 재임 기간 동안 영국을 위협하는 큰 문제가 없었던 것은 아니다. 그 문제 가운데 하나가 바로 스페인의 무적 함대가 쳐들어와 영국을 위협한 일이었다.

당시 스페인의 무적 함대는 말 그대로 무적이었다. 수많은 해전에서 승리한 스페인은 해상 강국이었다. 그에 비해 영국은 여왕이 통치하는 작은 섬나라였을 뿐이다. 스페인 무적 함대를 이끌던 펠리페 2세는 스페인의 절대 군주였다. 당시 스페인은 무적 함대를 앞장세워 '해가 지지 않는 나라'라는 별명을 얻을 정도로 세력을 확장해나가고 있었다.

펠리페 2세는 엘리자베스 1세의 언니인 메리 1세의 남편이었다. 그는 메리 1세가 죽고 엘리자베스 1세가 여왕이 되자 영국을 차지할 속셈으로 엘리자베스 1세에게 청혼했다. 하지만 총명했던 여왕은 그의 속셈을 알아채고, "나는 영국과 결혼했다"라는 말을 전하며 청혼을 거절했다. 청혼을 거절 당한 펠리페 2세는 엘리자베스 1세의 혈통 문제를 제기하며 스코틀랜드 여왕이던 메리 스튜어트가 진정한 영국의 여왕임을 주장했다. 결국 메리 스튜어트가 처형되고, 펠리페 2세는 모든 수단과 방법을 동원하여 엘리자베스 1세를 몰아내기로 결심한다. 마침 영국이 스페인의 통치에 반발하던 네덜란드를 도와주고 있었고, 영국 해적들이 스페인 보물선들을 공격하고 있었기 때문에 영국 침략의 정당화는 더욱 커졌다.

영국 함대와 스페인 함대

마침내 펠리페 2세는 무적 함대를 이끌고 영국을 침공한다. 스페인의 승리로 종결될 것으로 예상했던 싸움은 영국이 승리하게 된다. 이로써 스페인의 무적 함대를 이긴 영국의 승리는 해전 역사상 가장 위대한 승리로 꼽는다. 어떻게 이런 일이 가능했던 것일까? 두 나라의 해전 스타일을 살펴보면 알 수 있다. 스페인 해군은 거대한 배를 이용하여 상대편의 배를 공격한 후 접근하여 상대의 배에 기어올라 전투하는 해전이었다. 하지만 영국 해군은 기동력이 강한 소형 배를 이용하여 먼 거리에서 대포를 이용해 공격했다. 한 마디로 영국 해군은 근접전이 아닌 대포로 공격하는 싸움을 한 것이다. 매일같이 쏟아지는 영국 해군의 대포로 인해 스페인의 무적 함대는 영국해협을 지나 스코틀랜드의 북쪽으로 올라가게 되었고 결국 폭풍을 만나 대부분의 배가 격파되고 만다. 이로써 영국은 스페인을 무찌르고 유럽 최강국의 자리로 한발 더 나아가게 된 것이다.

셰익스피어, 죽느냐 사느냐 그것이 문제로다!

셰익스피어는 영국이 낳은 세계 최고의 극작가이다. 그는 38편의 희극과 비극을 썼고, 여러 권의 시집을 냈다. 당시 '연극'은 예술의 중심에 서 있었다. 연극은 사회의 전반적인 모습을 반영하는 형식으로, 어렵고 현실과 동떨어진 기존의 예술과 많이 달랐다. 다시 말해 관객들이 경험한 삶이 고스란히 무대 위로 올라온 예술이었기 때문에 왕과 귀족뿐만 아니라 서민들에게도 인기가 많았다. 또한 르네상스 열풍으로 연극에서도 새로운 형식과 내용의 드라마가 필요하게 되었다. 이러한 요구는 신인 극작가였던 셰익스피어에게 큰 기회가 되었다. 특히 엘리자베스 1세 여왕의 든든한 후원을 받으며 셰익스피어는 날로 빛날 수 있었다. 이러한 시대적 상황과 그의 천재적인 능

윌리엄 셰익스피어

력이 뒷받침되어 셰익스피어는 지금까지도 세계 최고라는 명성을 가진 극작가가 될 수 있었다.

"죽느냐 사느냐 그것이 문제로다"라는 명대사는 누구나 한번쯤은 들어본 적이 있을 것이다. 이것은 셰익스피어의 〈햄릿〉이라는 작품에서 선과 악 사이에서 갈등하는 주인공 햄릿이 고통스럽게 내뱉은 대사이다. 〈햄릿〉 외에도 〈오셀로〉〈리어 왕〉〈맥베스〉를 셰익스피어의

셰익스피어 생가

4대 비극이라고 한다. 사실 셰익스피어는 초기에 주로 '역사극'과 '희극'을 많이 썼다. 특히 〈헨리 6세〉와 같은 셰익스피어의 역사극은 영국사 전체를 아우르는 내용으로 그에게 큰 명성을 안겨준 출세작이었다. 하지만 엘리자베스 1세 시대에 르네상스를 가장 잘 표현한 것은 무엇보다도 4대 비극이다. 기존의 연극들이 이야기를 중요시하다보니 인물들이 다소 밋밋하게 표현되어 지루한 경우가 많았다. 하지만 셰익스피어의 작품에서는 각각의 인물들이 입체적으로 표현되어 있다. 인간만이 생각할 수 있는 모든 가치와 고민들이 잘 드러나 있고, 서로 다른 의견들이 충돌하며 나타날 수 있는 수많은 모습들이 작품에 표현되었다. 셰익스피어의 작품은 르네상스의 핵심인 인간 중심 사상, 다시 말해 다양한 인간성이 가장 잘 표현된 작품으로 르네상스의 절정에 다다른 작품이라는 평가를 받기도 한다.

6
교시

근대 시민사회의 시작과
3대 시민혁명

시민의 자유와 평등, 인권은 과연 언제부터 시작되었을까? 질문의 답을 찾아 3대 시민혁명 정신이 깃든 장소와 박물관을 찾아가본다. 영국 국회의사당에서는 '왜 영국의 시민혁명은 명예로운 명예혁명인가?'에 대한 질문을 던져보고, 권리장전을 통해 최초의 시민혁명으로서 어떤 의미를 지니는지 생각해 본다. 필라델피아 미국 독립 기념관 앞에서 '자유의 종'을 바라보며, 13개주 대표들에게 독립을 추구하며 어떤 나라를 만들고 싶었는지 묻는다. 그리고 프랑스 박물관 곳곳에서는 '왜 프랑스인들은 프랑스 대혁명이라고 부르며 자부심을 갖고 있는 것인가?'에 대한 답을 찾아본다. 그곳에서 봉건 제도의 모순을 극복하고 시민들의 희생을 통해 만들어진, 정치적으로 자유롭고 법 앞에 평등한 '근대 프랑스'를 만나보자.

영국 국회의사당에서 만나는 명예혁명

└ 명예혁명은 왜 '명예'혁명이 된 것일까?

웨스트민스터(Westminster)는 런던의 중심 지역으로 템스강 북쪽 강둑, 금융 중심지인 시티 오브 런던과 번화가 채링 크로스의 남서쪽에 위치한다. 영국 왕실의 주요 행사 장소로 사용되는 세인트 제임스 궁전, 영국 총리 관저인 트라팔가 광장, 가톨릭 성당인 웨스트민스터 대성당과 내셔널 갤러리, 버킹엄 궁전 등의 명소들이 있어 관광지로도 유명하다.

'웨스트민스터'라는 이름은 성 베드로 수도원 교회인 웨스트민스터 성당의 별칭에서 유래한 것으로 직역하면 '런던시의 서쪽'이라는 의미이다. 웨스트민스터 대성당은 에드워드 참회왕(Edward the Confessor, 1003~1066)이 현재의 자리에 지은 건물이다. 왕궁의 일부지만, 약 1200년경부터는 잉글랜드 정부 청사로 사용되었고, 현재는 영국 정

영국 국회의사당

부 청사로서 국왕의 즉위식이 열리는 곳이다.

1295년 영국에서는 세계 최초로 의회가 구성되면서 전제 정치에서 의회정치로 발전하는데, 모든 의회는 특수한 경우가 아니면 왕이 거주하는 웨스트민스터 궁전에서 열렸다. 'Palace of Westminster'라는 정식 명칭으로도 알 수 있는 것처럼 버킹엄 궁전이 건설되기 전까지 영국 왕족들이 지내던 궁전 건물이었다. 1843년의 화재로 당시 목조 건물이던 웨스트민스터 궁전의 2/3 정도가 소실된 이후 현재까지 국회의사당으로 사용되고 있다.

영국에서 '웨스트민스터'라고 하면 영국 의회를 의미하기도 한다. 영국 의회의 국회의사당인 웨스트민스터 궁전이 자리해 있기 때문이다. 주요 정부 기관이 밀집한 화이트홀도 이곳에 있어 웨스트민스터

영국 국회의사당 전시실

는 영국 정부의 심장부와 같다고 할 수 있다. 영국의 국회의사당은 '웨스트민스터 사원'과 함께 '웨스트민스터 궁전'으로 불린다. 국회의 사당 내부에는 영국의 주요한 사건들을 기록한 그림들과 전시물들이 있다. 대헌장, 권리청원부터 명예혁명까지 역사적인 그날의 모습을 함께 만날 수 있다.

명예혁명은 왜 '명예(名譽, Glorious)'로운 혁명일까? 1688년 영국에서 일어난 시민혁명은 다른 혁명과 달리 '피 한 방울 흘리지 않고 명예롭게 이루어졌다'라고 해서 명예혁명이라고 한다. 의회는 제임스 2세를 퇴위시키고 잉글랜드의 윌리엄 3세를 즉위시켰다. 이때 일어난 혁명은 영국 의회 민주주의의 시발점이 된다. 이후 어떤 영국의 왕도 의회를 무시하는 무소불위의 권력을 행사할 수 없었다. 당시 작성된

1689년 권리장전은 영국과 세계 역사에서 중요한 문서이다.

이 혁명은 영국의 역사에서 오랫동안 지속된 왕권과 의회의 갈등에 중요한 이정표가 마련된 사건이었다. 왕권신수설을 주장한 제임스 2세의 퇴위와 권리장전으로 인해 더 이상 군주의 절대적 권리에 대한 주장이 힘을 얻지 못하게 되자 영국은 전제군주제와 결별하게 되었고, 이것은 입헌군주제의 출발점이 되었다. 단순히 왕조가 바뀌는 것이 아니라 근대 시민 사회로 나아가는 데 기여했으며, 산업혁명의 물꼬를 트는 역할을 하였다. 이는 전 세계적으로 시민 사회와 근대 국가를 만드는 큰 계기가 되었다.

└ 제임스 2세, 왜 나만 가지고 그래?
　VS 시민들, 절대 군주제의 끝을
　　알리다!

수많은 혁명이 그런 것처럼 명예혁명 이전 영국의 혁명에서는 시민들의 많은 희생이 있었다. 16, 17세기 영국에서는 지주층인 젠트리와 도시의 시민 계급이 성장하였고, 이들 가운데 청교도들은 의회(하원)에서 강한 세력을 이루었다. 이러한 상황에서 스튜어

제임스 2세

윌리엄 3세

트 왕조의 제임스 1세가 전제 정
치를 강화하였다. 뒤이어 찰스 1세
도 청교도를 탄압하며 함부로 과
세하자 의회는 "의회의 동의 없이
과세할 수 없다"라는 내용의 권
리청원(1628)을 왕에게 제출하여
승인을 받았다.

하지만 찰스 1세가 의회를 소
집하지 않고 전제 정치를 계속하
자 의회가 반발하면서 내전이 일
어나게 된다. 전쟁에서 의회파를
이끈 크롬웰은 왕당파를 격파하
고 찰스 1세를 처형하여 공화정을 수립하였다(청교도 혁명, 1642~1649).
크롬웰은 청교도주의에 입각한 금욕적인 독재 정치를 펼치는 한편,
대외 무역을 확대하였다. 그의 엄격한 독재 정치는 국민의 불만을 초
래하였고, 크롬웰 사망 후 왕정이 복고되어 찰스 2세가 즉위하였다.

찰스 2세는 친가톨릭적 전제 정치를 실시하였다. 이에 의회는 각종
법을 제정하여 맞섰으나, 뒤를 이은 제임스 2세도 전제 정치를 강화
하였다. 그는 그 시대의 유럽 왕과 다를 바 없이 절대적인 군주에 의
한 정치를 바라고 있었다. 제임스 2세는 3년의 재위 기간 동안 두 가
지 큰 문제에 직면했다. 하나는 로마 가톨릭과 개신교의 갈등이었고,
다른 하나는 왕권신수설에 대항하는 의회와의 갈등이었다. 그는 로

마 가톨릭과 왕권신수설을 신봉하였으며, 이는 의회와의 갈등에 주요 원인이 되었다.

1688년 4월 제임스 2세의 아들이 태어났다. 개신교도였던 딸 메리의 왕위 계승을 기대하던 개신교도들은 영국에 가톨릭 왕국이 세워질지도 모른다는 위기 의식을 갖게 되었다. 서로 대립하던 의회의 토리당(영국 보수당의 전신)과 휘그당(영국 자유당의 전신)은 동맹을 맺고 국왕에 맞서게 된다.

오렌지공 윌리엄은 이 틈을 노려 1년여에 걸쳐 영국 정치에 영향력을 행사하기 위해 노력하였다. 윌리엄은

메리 2세

1687년 4월 그의 사절을 영국의 토리당과 휘그당 지도자들에게 보내 비밀 편지를 전달하였다. 그는 사절을 통해 자신의 계획에 대해서는 어떠한 설명도 하지 않았으나 만약 전제 정치에 반대하려고 한다면 자신은 왕족의 권리를 사용하여 그들과 함께할 것임을 약속했다.

윌리엄과 메리는 공동 집권하기로 하고, 잉글랜드의 윌리엄 3세와 잉글랜드의 메리 2세로 즉위하게 된다. 1689년 2월 13일 공동 군주인 윌리엄 3세와 메리 2세는 의회로부터 처음에는 '불만 사항 23조'로 불리던 1689년 권리장전을 전달 받고 이에 서명하였다. 이로써 영

국의 왕권은 별다른 유혈 충돌 없이 이양되었다. 1688년 명예혁명은 영국의 역사에서 오랫동안 지속된 왕권과 의회의 갈등에 중요한 이정표가 마련된 사건이었다. 왕권신수설을 주장한 제임스 2세의 퇴위는 새로운 시민들에 의한 사회의 출발점이 되었다.

└ 시민들의 불만이 담긴 권리장전 : 시민의 권리를 주장하고 의회주의를 만들다

권리장전(權利章典, Bill of Rights)은 권리에 대한 성문법적 문서이다. '章'은 '글 장'자로 문장, 도장, 인장 등의 '장'자와 같다. 서구의 근대화에 따른 천부인권설이 확산되면서, 인간의 천부적인 권리 또는 소극적 자연권을 추구하는 과정에서 이를 법제화한 것이다. 왕과 시민의 대표인 의회가 서로 법적으로 체결한 문서로 그 의미가 크다. 그렇다면 많은 문서들 중 왜 명예혁명 당시의 권리장전은 그 중요성이 남다른가?

권리장전은 명예혁명의 결과물로 탄생하여 1689년 영국 의회에 의해 승인되었다. 자연권의 적극적인 보장을 추구하기보다는 의회의 왕권 견제 목적이 강하지만, 최초의 권리장전(성문

1869년 권리장전 문서

1. '국왕은 의회의 동의 없이 법의 효력을 정지하거나 법의 집행을 정지할 수 있는 권력이 있다'는 주장은 위법이다.
2. 최근에 권한을 독점하고 행사했던 바처럼, 왕권에 의해 법률이나 법률 집행을 무기력하게 만드는 권력은 위법이다.
3. 최근에 종무 위원회 재판소를 설립하기 위해 발행된 위임장을 포함하여 그와 유사한 성격을 띤 모든 위임장과 재판소는 불법이며 유해하다.
4. 국왕의 대권을 구실로 의회의 승인 없이 의회가 이미 승인했거나 향후에 승인할 내용과 달리 기간을 연장하거나 편법을 써서 국왕이 쓰기 위한 금전을 징수하는 것은 위법이다.
5. 국왕에게 청원을 하는 것은 국민의 권리이니, 그러한 청원을 했다고 해서 구금되거나 박해를 가하는 것은 위법이다.
6. 의회의 동의 없이 평상시에 왕국 안에서 상비군을 징집, 유지하는 것은 위법이다.
7. 신교를 믿는 국민은 상황에 따라 법률이 허용하는 범위 내에서 자기방어를 위해 무장할 수 있다.
8. 의회에서의 선거는 자유롭게 이루어져야 한다.
9. 의회 안에서 말하고 토론하고 의논한 내용으로 의회 아닌 어떤 곳에서도 고발 당하거나 심문 당하지 않는다.
10. 지나친 보석금이 요구되어서는 안 될 뿐만 아니라, 지나친 벌금이 부과되어서도 안 되고, 잔혹하고 상식에서 벗어난 형벌이 가해져서도 안 된다.
11. 배심원은 정당한 방법으로 선출되어야 하고, 대역죄로 기소된 사람을 심리하는 배심원은 토지의 자유 보유권자이어야 한다.
12. 유죄 판결 이전에 특정인에게 부과되는 벌금과 몰수를 인정하고 보장하는 조치는 불법이며 무효이다.
13. 모든 요구 사항을 처리하고 법률을 수정·보강·유지하기 위해, 의회는 자주 소집되어야 한다.

▲ 권리장전 일부 조항

법적 문서)임에 그 의의가 있다. 의회의 의결 없이는 왕이 징병, 법률의 폐지, 수세 등을 하지 못한다는 등의 내용을 규정하고 있다.

전 세계의 국가들은 절대 군주의 강력한 통치가 있을 때 왕권신수설을 배격하고 의회의 힘을 강화하였다. 권리장전을 통해 시민들의 권리가 신장되었으며, 이후 '왕은 군림하나 통치하지 않는다'라는 의회주의가 정착하게 되었다. 그리고 이것은 다음의 시민혁명에도 큰 영향을 미치게 된다.

영국 의회에는 왜 붉은 선이 표시되어 있을까?

라인(Sword lines)의 유래

영국 의회 소드 라인

하원 회의장 중간에는 2개의 붉은 선이 있다. 이 선들 사이의 거리는 2.5m인데, 정확히 2개의 검이 서로 맞닿을 거리이다. 구전에 따르면 이 선이 회의나 토론 도중 서로 검을 빼들고 공격하는 것을 막기 위해 미리 만들어졌다고 하지만, 하원 의원들이 검을 들고 의회장 내부로 들어오는 것이 가능했는지에 대해서는 의문이다.

당시 검을 회의장 내부에서 착용하는 것이 허락된 것은 근위병들뿐이었고, 의원들은 들어오기 전 검을 따로 맡겨야만 했다. 게다가 의원들이 정작 검을 들고 들어오는 것이 허락되던 시절에는 이 선이 없었다. 이 선의 용도는 검을 이용한 결투가 아니라, 토론이나 연설 도중 상대파 의원들이 선을 넘어 주먹이나 폭력을 사용하여 연설을 가로막는 것을 방지하기 위해 표시한 것이라는 설이 우세하다.

하원 회의장에는 양옆으로 벤치들이 열을 지어 나열되어 있다. 의장석을 기준으로 오른쪽에 있는 벤치에는 정부 여당 의원들이 앉고, 왼쪽에는 야당 의원들이 앉는다. 방이 워낙 옛날에 지어져, 650명에 달하는 하원 의원들을 다 수용할 수 없어 오직 427명만 앉을 수 있고, 나머지는 뒤에 서 있어야 한다.

전통적으로 영국의 국왕은 하원 회의장 안으로 들어가지 않는다. 이런 행동을 한 사람은 1642년 찰스 1세가 마지막이었다. 당시 왕은 하원 의장에게 5명의 의원들을 반역 혐의로 체포할 것을 요구했지만, 왕이 그에게 명령을 내렸을 때 그는 "죄송하지만 전하, 저는 이곳(하원 회의)의 시종이기 때문에 그들이 원하지 않는 일은 할 수 없습니다"라고 응수했다. 그때 이후 왕을 대변하는 흑장관이 하원 의원들을 소집하러 의회장 내로 들어오려 할 때, 장관의 면전에서 문을 쾅 닫아버리는 전통이 생기게 되었다. 흑장관이 닫힌 문을 3번 두드리면, 하원 의회장의 문이 열리게 된다.

미국 독립 기념관에서 만나는 독립 혁명

∟ 필라델피아에서 독립의 종을 울리다

미국 동북부 지역인 필라델피아는 미국인들에게 역사적인 도시이다. 필라델피아는 1790년부터 1800년까지 11년 동안 미국 연방 공화국의 수도였다. 필라델피아의 뜻은 '형제애'이다. philos는 '사랑', adelphos는 '형제'를 의미하며 여기에 도시 명에 붙는 어미형 a를 붙여 필라델피아가 되었다. 'The City of Brotherly Love'라는 별칭을 가진 필라델피아는 평등을 위해 최초로 미국 독립을 외친 도시다. 권위를 부정하는 퀘이커 교도들은 권위를 중시하는 영국 성공회와 충돌했다. 핍박은 말할 것도 없고 쫓겨나다시피 한 영국인들은 필라델피

미국 독립 기념관(필라델피아)

아로 넘어와 정착했다. 새로운 세상을 창조하고 싶었던 이들은 신약에 나오는 형제애를 중시했다. 미국 독립 혁명의 그날이 이곳, 필라델피아에서 펼쳐진다.

필라델피아의 중심가에는 독립 기념관이 있다. 미국이 영국을 상대로 독립을 선포한 장소가 바로 필라델피아 체스트넛 거리에 있는 독립 기념관이다. 1753년 처음에는 펜실베이니아 식민지의 의회 건물로 완공되었고, 1775년에서 1783년까지 제2차 대륙 회의의 회의 장소였으며, 1776년 7월 4일 미국 독립 선언이 공포된 건물이다. 또한 이곳에서는 1787년 여름 필라델피아 제헌 회의가 개최되기도 하였다. 오늘날은 독립 기념관과 자유의 종이 보관된 지역을 통틀어 '독립 국립 역사 공원'이라고 한다. 미국을 탄생시킨 역사의 현장인 독립 기념관은 오늘날의 자유 민주주의를 상징하는 장소로, 유네스코 세계 유산으로 지정되었다.

필라델피아의 미국 독립 기념관 북쪽에는 미국 국민들이 무척 사랑하고 아끼는 종이 유리관에 보관되어 있다. '자유의 종'으로 불리는 이 종은 전체 높이 1.6m에 무게가 45kg에 달하는 커다란 종이다.

영국의 식민지였던 미국이 스스로 주권 국가임을 알리는 독립을 선언하면서 친 종이다. 독립 선언문을 발표한 것은 1776년 7월 4일이었지만 종을 친 날짜는 7월 8일로 기록되어 있다. 이 종은 영국에서 만들어 가져온 것으로 독립 기념관에서 가장 높은 종루에 있다. 독립 선언문을 발표할 때는 물론이고 해마다 독립 전쟁의 승리를 축하하는 기념일과 국가적인 주요 행사 때면 어김없이 이 종이 울린다.

자유의 종. 미국 독립 기념관

독립을 기념하면서 종을 친다는 이유로 한때는 '독립의 종'으로 불리다가 1839년 노예 해방을 주장했던 정치인과 시민들이 '자유의 종'으로 부르면서 자연스럽게 이름이 바뀌었다. 그러나 이 종은 현재 중간에 커다란 금이 생겨 칠 수 없다. 1846년 미국 독립의 아버지이자 초대 대통령인 조지 워싱턴의 생일을 맞아 실시한 타종식에서 종에 금이 생겼다. 금이 생긴 이후에도 오랫동안 독립 기념관 종루에 매달려 있다가 독립 200주년이 되던 1976년 지금의 위치로 옮겨 전시하고 있다. 미국 국민들의 사랑을 받고 있는 이 자유의 종에는 다음 글이 새겨져 있다. "이곳 모든 땅의 주인에게 독립을 알린다."

필라델피아의 거리를 지나다 보면 수많은 벤저민 프랭클린을 마주치게 된다. 100달러짜리 지폐에도 있는 그 얼굴은 하루에도 몇 번씩 도시에서 불쑥불쑥 튀어나온다. 프랭클린 스퀘어, 프랭클린 과학박물관, 프랭클린 코트(생가 마을), 벤저민 프랭클린 다리 등. 벤저민 프랭클린은 필라델피아에서 가장 익숙한 얼굴이 되어 있다.

미국 100달러 지폐와 벤저민 프랭클린

명소의 개수만큼 벤저민 프랭클린의 직업은 다양했다. 독립 선언문을 완성한 건국의 아버지이면서 사업가, 과학자, 발명가, 정치가, 외교관, 문필가, 언론인⋯⋯. 프랭클린은 시간 단위로 할 일을 기록하고 잘못된 것이 있으면 점을 찍어 표시했다. 시간 관리의 대명사가 된 다이어리, 프랭클린 플래너는 『성공하는 사람들의 7가지 습관』의 저자인 스티븐 코비가 프랭클린의 습관에서 착안해 디자인한 것이다.

다초점 렌즈, 난로, 흔들의자, 피뢰침같이 현대 생활에 꼭 필요한 물건을 발명해낸 사람도 프랭클린이다. 이루 헤아릴 수 없을 만큼 다양한 분야에서 '최초'를 기록한 그는 묘비에 '인쇄인 프랭클린(B. Franklin, printer)'만 남겼다. 정규 교육을 2년밖에 받지 못한 그는 12세 때 인쇄공으로 사회에 첫발을 내디뎠고, 그 초라한 시작을 소중히 여겼던 듯하다. 심지어 도시 홍보 슬로건조차 프랭클린을 연상시키는 '프랭클리 필라델피아(Frankly Philadelphia)'일 정도이다.

└ 13개주 대표의 필라델피아 대륙 회의 개최, 그날의 모습

독립 기념관 입구와 가까운 곳에 있는 카펜터스 홀은 원래 목수 조합 본부로 사용하던 장소였다. 이곳에는 제1차 대륙 회의에 참가

한 대표들이 사용했던
책상과 의자, 집기들이
그대로 보존되어 있다.
대표들이 토론하는 모
습을 그린 커다란 그림
이 걸려 있어 당시 분
위기를 느낄 수 있다.
13개 주 대표들의 모
습은 비장함이 느껴진

필라델피아 대륙 회의 장면

다. 이곳 필라델피아 독립 기념관에 13개 주 대표들은 왜 모이게 되
었을까? 당시에는 초강대국인 영국 앞에서 그들은 어떤 고민을 했
을까?

17세기부터 신앙의 자유와 경제적인 기회를 찾아 북아메리카에 이
주한 영국인들은 동부 해안에 13개의 식민지를 건설하였다. 식민지
인들은 독자적인 의회를 구성하여 광범위한 자치를 누렸다. 그러나
영국은 7년 전쟁(1756~1763, 인도와 북아메리카에서는 영국과 프랑스가 식민
지 쟁탈전을 벌였고, 영국이 최종 승리하였다) 이후 전쟁 비용을 충당하기
위해 중상주의 정책을 강화하였다. 영국이 각종 세금을 부과하자 분
노한 식민지인들은 "대표 없는 곳에 과세할 수 없다"라고 주장하며
납세 거부 운동을 전개하였다.

이후 영국은 식민지에 많은 양의 홍차를 강제로 구매하게 했고, 식
민지인들은 보스턴 항구에서 영국 동인도 회사 선박에 실린 차 상자

보스턴 차 사건의 모습

를 바다에 던져버렸다(보스턴 차 사건, 1773). 이에 영국 정부는 보스턴 항구를 폐쇄하며 강경하게 대응하였다.

식민지 대표들은 필라델피아에서 대륙 회의를 개최하고 영국에 탄압 조치 철회를 요구하였다. 그러던 중 영국 군대와 식민지 민병대 사이에 무력 충돌이 일어났고, 이를 계기로 독립 전쟁이 시작되었다. 식민지 대표들은 워싱턴을 총사령관으로 임명하고 독립 선언문을 발표하였다(1776. 7. 4.). 이 선언에는 천부 인권, 국민 주권, 저항권을 바탕으로 하는 근대 민주주의의 원리가 담겨 있었다. 식민지 민병대는 처음에는 열세에 몰렸으나 워싱턴의 활약과 프랑스를 비롯한 여러 나라의 도움으로 전세를 점차 역전시켰다. 그리고 요크타운 전투의 승리 이후 파리조약으로 독립을 인정받았다(1783).

└ 미국 독립 선언문, 독립 기념일(7월 4일)이 만들어진 날

　카펜터스 홀 옆으로는 포근한 느낌을 주는 클럽 하우스가 있다. 13개 주 대표들이 휴식을 취하며 의견을 주고받던 곳으로, 클럽 하우스 중앙에는 토머스 제퍼슨이 독립 선언문을 작성했던 책상과 의자, 벽난로, 책, 지도 등이 보관되어 있다. 이곳에서 벤저민 프랭클린(Benjamin Franklin, 1706~1790), 존 애덤스(John Adams, 1735~1826), 로저 셔먼(Roger Sherman, 1721~1793), 로버트 리빙스턴(Robert R. Livingston, 1746~1813), 토머스 제퍼슨(Thomas Jefferson, 1743~1826)이 '미국 독립 선언서'의 기초 작업을 수행했다. 대륙군을 창설, 조지 워싱턴 장군을 대륙군 총사령관으로 임명하면서, 각 주에 군사와 물자지원을 요청하였다. 제2차 대륙 회의는 1775년 5월부터 사실상 미국 연방의회의 역할을 하였으며, 이때부터 미국 독립 전쟁이 시작되었다.

　1776년 7월 4일 13개 식민지 대표자들은 필라델피아 인디펜던스 홀에서 미국 독립 선언에 서명하고 독립을 선포하였다. 이 날이 미국의 독립 기념일이다. 그러나 실질적인 독립은 전쟁이 종료된 1783년에야 인정되었다. 미

미국 독립 선언문

국 독립 선언에는 자연법에 근거한 인권의 주장, 사회계약설에 의한 정부의 구성 등 당시 미국 독립운동에 가담했던 사람들의 사상이 대변되었다. 독립 선언문을 바탕으로 미국은 세계에서 처음으로 성문헌법을 제정하였고, 여기에 시민의 권리와 의무를 담았다.

> "모든 사람은 평등하게 태어났으며, 조물주로부터 몇 개의 양도할 수 없는 권리를 부여받았다. …… 생명과 자유와 행복의 추구, 이 권리를 확보하기 위하여 인류는 정부를 조직했다. …… 정당한 권력은 인민의 동의로부터 유래하는 것이다. 어떠한 형태의 정부이든 이러한 목적을 파괴할 때에는 …… 새로운 정부를 조직하는 것은 인민의 권리이다."
>
> —미국 독립 선언문, 1776년 7월 4일.

루브르 박물관과 프랑스 혁명 박물관에서 만나는 프랑스 혁명

└ 7월 14일, 바스티유 감옥이 무너지던 그날

프랑스 혁명 기념일에는 많은 사람들이 파리의 에펠탑 앞에 모인다. 1789년 7월 14일, 파리 시민들이 절대 왕정의 상징인 바스티유 감옥을 함락시킨 날에 맞춰 오늘날 프랑스 사람들은 프랑스 대혁명이라고 부르며 국가적인 축제를 벌인다. 에펠탑의 조명이 프랑스 국기

프랑스 혁명 기념일 행사

색으로 바뀌고 많은 사람들이 프랑스 국가를 부르기 시작한다. 불꽃
놀이가 시작되면 사람들은 박수를 치며 환호한다. 오래전 있었던 근
대 시민혁명을 오늘날까지 성대하게 기념하는 이유는 무엇일까? 프
랑스인들에게 7월 14일은 어떤 의미가 있을까?

　프랑스 혁명(1789년 5월 5일~1799년 11월 9일)은 프랑스에서 발생한 시
민혁명이다. 프랑스 혁명은 엄밀히 말해 1830년 7월 혁명과 1848년
2월 혁명도 함께 일컫는 말이지만, 대개는 1789년의 혁명을 가리
킨다. 1789년의 혁명을 다른 두 혁명과 비교하여 프랑스 대혁명으
로 부르기도 한다. 절대 왕정이 지배하던 프랑스의 앙시앵레짐(Ancien
Régime) 하에서 부상한 시민 계급(18세기 모든 선진국에서 나타난 특징적인
현상)과 미국의 독립 전쟁으로 자유 의식이 높아진 가운데 인구의 대

바스티유 감옥 습격 장면, 프랑스 국립 도서관

7월 혁명을 기리는 기념탑과 바스티유 광장

다수를 차지하던 평민들이 함께 봉기했다.

바스티유 감옥은 파리의 요새로 무기와 탄약을 저장하고 있었고 정치범들이 수용되어 있었다. 만여 명의 시민들은 바스티유로 쳐들어갔고 바스티유 수비군은 15문의 대포를 발포하여 시민 약 100여 명이 희생되었다. 무장한 국민군의 증원과 시민들의 끈질긴 공격으로 결국 바스티유는 함락되고 정치범들이 석방되었다. 이후 혁명 정부는 절대 왕정의 상징인 바스티유 감옥을 철거했고 오늘날 바스티유 감옥이 있던 자리에는 공원이 조성되었다. 프랑스는 매년 7월 14일을 프랑스 혁명 기념일로 지정하고, 바스티유 감옥 습격을 기념하여 군사 퍼레이드, 각종 축제나 콘서트 등 성대한 행사를 치른다.

이후 프랑스 혁명은 어떻게 되었을까? 도시민과 농민의 개입으로 폭력 양상을 띤 이 혁명은 2년간에 걸쳐 절대 왕정 체제를 전복시켰다. 뿐만 아니라 혁명의 소문을 들은 피지배 민족의 자유와 독립 쟁취 의식을 높여 여러 민족을 거느린 주변의 강대국들을 불안하게 하였다. 그러나 혁명 후 수립된 프랑스 공화정은 나폴레옹 보나파르트가 일으킨 쿠데타로 무너지게 된다. 그 후 75년간 공화정, 제국, 군주제로 국가 체제가 바뀌며 숨 가쁜 정치 상황이 지속되었으나 역사상으로 민주주의 발전에 크게 기여했다.

프랑스 혁명은 크게 보면 유럽과 세계사에서 정치 권력이 왕족과 귀족에서 시민 계급으로 옮겨가는, 역사에서 완전히 새로운 시기의 포문을 열 만큼 뚜렷하게 구분되는 전환점이었다.

└ 프랑스 혁명 박물관 및 루브르 박물관에서 만나는 혁명의 장면들

　프랑스 그르노블에서 남쪽으로 가면 비질르(Vizille) 마을 성이 있다. 이 성 안에는 프랑스 혁명 박물관이 있는데 이곳에는 프랑스 혁명 당시의 모습을 볼 수 있는 그림 작품들과 전시물이 있다.

　비질르 성은 프랑스의 평야를 감상할 수 있다. 250여 년 전에도 프랑스는 드넓은 평야에서 수많은 평민들이 농사를 지으며 생활하고 있었다. 평야에서 나오는 대부분의 농산물은 귀족(지주)들에게 돌아가고, 세금으로 나가게 되어 농민들이 차지하는 것은 거의 없었다. 구체제(신분제) 하에서는 인구의 2%를 차지하는 제1계급(추기경 등의 로마 가톨릭 고위 성직자)과 제2계급(귀족)이 면세 등의 혜택을 누리면서, 주요 권력과 부, 명예를 독점하였다. 반면 인구의 약 98%를 차지하던

프랑스 혁명 박물관

제3계급(평민)은 무거운 세금을 부담해야 했다. 이 계급이 정치에 참여할 수 있는 삼부회가 있었지만 한동안 소집되지 않았기 때문에 제3계급은 실질적으로 정치 참여에서 배제된 것이다.

〈테니스 코트 서약〉, 자크 루이 다비드, 카르나발레 박물관

1789년 삼부회가 열리던 당시의 상황은 심각하였다. 1788년의 흉작과 혹독한 겨울(소빙하기)로 인한 고통이 전 국토를 휘감았다. 대의원들에게 주어진 서면 지시 사항은 정치적·사회적·경제적 관심들을 총망라한 것이었으며, 많은 변화를 요구하고 있었다. 이러한 변화 가운데 왕과 그의 신하들은 여전히 수동적인 자세였다. 그들은 삼부회가 개별적으로 열려야 하는지, 아니면 함께 종합적으로 고민해야 하는지 조차도 결정하지 못했다.

귀족, 성직자 대표는 신분별 표결 방식을, 평민 대표는 머릿수 표결 방식을 지지함으로써 자신들이 속한 계급에 유리한 방향으로 회의를 이끌고자 했다. 평민 대표들은 머릿수 표결 방식이 채택되지 않자 1789년 6월 20일 회의장을 테니스 코트 건물로 옮기고, 그들의 요구가 승인되어 헌법이 제정될 때까지 이 의회를 해산하지 않는다고 선언, 국민 의회를 조직하였다(테니스 코트 서약). 여기에는 국민 의

〈민중을 이끄는 자유의 여신〉, 외젠 들라크루아, 루브르 박물관

프랑스의 인간과 시민의 권리 선언(1789)

제1조 인간은 자유롭게 그리고 평등한 권리를 가지고 태어났다.

제2조 모든 정치적 결사의 목적은 그 무엇도 침해할 수 없는 인간의 자연권을 보전하는 데
　　　 있다. 그 권리는 자유, 재산, 안전, 그리고 압제에 대한 저항이다.

제3조 모든 주권의 원천은 국민에게 있다. 어떤 단체나 개인도 국민으로부터 유래하지 않
　　　 은 권리를 행사할 수 없다.

제6조 법은 일반 의지의 표현이다. 모든 시민들은 직접, 또는 그들의 대표를 통해 법의 제
　　　 정에 참여할 권리를 갖는다.

▲ 프랑스 인간과 시민의 권리 선언(1789) 중 일부

회에 진보적 사고를 갖고 있던 로마 가톨릭 사제와 자유주의 귀족 47명도 합류하였다. 7월 9일에는 제헌 국민 의회라 칭하며, 인민의 최고 입법 기관으로서 프랑스 헌법 제정에 착수하였다.

국왕이 국민 의회를 탄압하자 파리 시민들은 절대 왕정의 상징이던 바스티유 감옥을 습격하였다. 농촌에서는 봉건적 부담에 시달리던 농민들이 영주의 성을 습격하여 장원의 문서들을 불태웠다. 국민 의회는 농민들의 불만을 달래기 위해 봉건제 폐지를 선언

프랑스 인간과 시민의 권리 선언(1789) 삽화, 카르나발레 박물관

하고 자유와 평등, 국민 주권, 재산권 보호 등 혁명의 기본 이념을 담은 '인간과 시민의 권리 선언(인권 선언)'을 발표하였다. 그리고 교회 재산을 몰수하고 행정 구역을 개편하는 등의 개혁을 단행하였다. 1789년 8월 4일 제헌 국민 의회는 봉건적 특권이 폐지되었음을 선언하고, 그해 8월 26일 프랑스 인권 선언을 채택하였다. 프랑스 혁명은 봉건적 폐습을 타파하고 인간의 자유와 평등을 최고의 가치로 확립시킨 역사적 사건이었다.

증기기관의 발명과 산업혁명

과학 기술은 사회를 어떻게 변화시켰을까? 인간을 대신할 기계의 발명과 전기의 발견으로 인간의 삶이 어떻게 바뀌었으며, 그 과정에서 인간은 어떤 선택들을 했는지 함께 알아본다. 의왕 철도박물관에서 인간의 장거리 이동의 꿈을 실현해 준 증기 기관차를 만나보고, 뉴욕 프릭 컬렉션에서는 문학 작품을 통해 인클로저 현상을 비판한 토머스 모어를 만난다. 급격히 진행된 산업혁명과 노동자들의 삶, 대량 생산 제품들의 등장으로 인해 가치를 잃어버린 수공예품들을 지키려는 사람들의 움직임까지……. 변화를 겪는 인간들의 다양한 선택에 대해 함께 고민해 볼 수 있다.

의왕 철도박물관에서 만난 증기기관

└ 한국 전쟁 중에도 달리던 기차

이제 '기차' 하면 떠오르는 경쾌한 의성어 '칙칙폭폭' 소리는 듣기 어렵다. 그 대신 우리는 '쉬잉~' 하는 마찰음과 함께 엄청난 속도로 달리는 고속 열차를 이용하고 있다. 훨씬 빠르고 쾌적하며 목적지까지 단시간에 도착하는 교통수단이 등장하면서 과거의 그것들은 하나둘씩 자취를 감추게 된다. 이렇게 사라진 교통수단을 만나볼 수 있는 곳이 있

미카형 증기 기관차

다. 경기도 의왕시에 위치한 철도박물관이다. 의왕 철도박물관은 일제 강점기인 1935년 10월 1일 용산 철도 종사원 양성소 내에 최초 개관한 이후 1988년 1월 26일 의왕으로 옮겨 약 $28,000m^2$ 규모로 개관하였다.

박물관 야외 전시실에는 오래된 영화나 만화에서나 볼 수 있는 다양한 기차들이 전시되어 있다. 전시된 19량의 기차 중 눈에 띄는 기차는 미카형 증기 기관차이다. 더 정확한 명칭은 '미카 3-161호 증기 기관차'로 우리나라에서 운행된 바퀴의 배열이 2-8-2인 증기 기관차를 말한다.

우리나라 최초의 증기 기관차는 1899년 경인선 철도 개통과 함께 달렸던 모가형 증기 기관차이다. 이후 경부선의 개통으로 증기 기관차의 도입이 확대되었는데 화물을 싣기에 적합한 기관차로 도입된 것이 미카형 증기 기관차이다.

우리나라 최초의 증기 기관차

1899년 경인철도주식회사에 의해 도입된 대한민국 최초의 증기 기관차로, 경인선 제물포–노량진 간 개업 시에 투입된 차량이다. 차륜 배치는 2–6–0이며, 탄수차(물과 석탄을 태운 차량)를 연결하지 않고 물과 석탄을 직접 기관차 본체에 적재하는 탱크식 기관차이다.

모가형 증기 기관차 모형, 철도박물관

다양한 증기 기관차의 도입과 함께 1920년 이후부터는 우리나라 자체적으로도 증기 기관차의 조립·생산이 가능해졌다. 한국 전쟁으로 인해 철도 시설이 타격을 입게 되어 미국의 원조를 받기도 했지만, 실제로 한국 전쟁 중 북한군에 포위된 미군을 구출하기 위하여 운행되었다고 한다.

증기 기관차는 한동안 철도 교통의 중심이었으나, 이후 새로 도입되는 디젤 기관차에 의해 그 역할이 점차 축소되었다. 일반적인 디젤 기관차나 전기 기관차에 비해 연비와 성능이 낮으며, 오래된 부품을 유지하기도 쉽지 않았던 탓에 증기 기관차는 결국 1967년 8월 31일 공식적으로 정기 열차로서의 역할을 다하게 되었다.

└ 뉴커먼과 와트의 증기기관

증기 기관차는 그 이름처럼 전기나 석유의 힘으로 엔진을 가동하는 것이 아니라 석탄을 태운 열로 물을 끓여 그 힘으로 터빈을 돌려 움직이는 원리이다. 1705년 영국의 발명가 토머스 뉴커먼(Thomas Newcomen, 1663~1729)은 수증기의 열에너지를 기계적인 일로 바꾸는 이 장치를 발명했고, 1769년 제임스 와트(James Watt, 1736~1819)가 개량했다.

도구를 만든 인류가 이번에는 손을 대지 않고 자동으로 일을 해주는 도구를 만들게 된 것이다. 용기 안에 물을 담고 가열하면 수증기가 발생하는데, 이로 인해 용기 속의 압력이 용기 바깥의 공기 압력보다 높아진다. 이때 생긴 압력 차이를 이용하면 물체를 움직이는 것이 가능하다. 이것이 바로 증기기관의 기본 원리이다. 집에서도 이와 같은 현상을 볼 수 있는데, 주전자에 물을 넣고 끓이면 뚜껑이 들썩들썩 움직이는 원리다. 이 사소한 원리로부터 개발된 증기기관은 사람의 손을 직접 사용하지 않고 물체를 움직이고자 한 인류의 오랜 꿈을 실현시켜 주었다.

증기기관은 18세기 산업혁명 이후 공장의 기계를 돌리거나 기차와 같은 운송 수단의 엔진으로 활용됐다. 하지만 증기 압력을 이용해 물체를 움직일 수 있다는 생각은 훨씬 오래전부터 시작되었다. 기원전 250년경 아르키메데스는 증기 압력으로 발사할 수 있는 대포를 제작했고, 고대 그리스의 헤론(Heron)이라는 기술자는 물을 가열해 발생한 수증기로 회전운동을 하는 장난감을 고안하기도 했다. 하지만 이 아이디어가 실제로 상용화되기까지는 1,500년이 더 걸렸다.

대장장이이자 철 판매상이었던 뉴커먼은 기존에 개발된 피스톤을 이용한 상하운동 장치를 분석하여 1705년 새로운 증기기관을 만들었다. 뉴커먼의 증기기관은 상업적으로 성공한 최초의 증기기관으로 1770년에는 영국 전역에서 100여 대가 가동되었다. 하지만 많은 양의 석탄이 필요하므로 광산 인근에서만 작동이 가능하다는 한계가 있었다.

평소 증기기관에 관심이 많았던 와트는 뉴커먼의 증기기관을 수리하다가 이 단점을 보완하는 아이디어를 개발했다. 와트의 증기기관은 소비하는 석탄의 양을 줄여 광산 인근이 아니더라도 작동이 가능했다. 기존의 증기기관 속 피스톤이 대기압의 영향도 받는다면 와트의 기관은 증기압에 의해서만 움직인다는 점에서 '최초의 증기기관'으로 불리기도 한다. 또한 이전의 증기기관들과 달리 상하 운동이 아닌 회전 운동에도 사용할 수 있게 되었다. 이 장치 덕분에 방직기처럼 상하·좌우·회전 운동을 모두 필요로 하는 기계의 작동에 도입되었고, 광산뿐만 아니라 방앗간이나 직조 공장에서도 사용되었다.

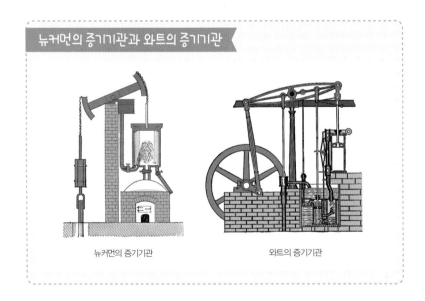

뉴커먼의 증기기관과 와트의 증기기관

뉴커먼의 증기기관

와트의 증기기관

뉴욕 프릭 컬렉션(Frick Collection)에서 만난 토머스 모어

└ 산업혁명을 이끈 세 가지 혁신

와트의 증기기관 발명은 손을 사용하지 않고 기계를 작동시키는 데서 끝나는 것이 아니라 노동 방식 자체를 바꿨다. 증기기관에 여러 대의 기계를 연결할 수 있게 되었으며, 기계들을 한곳에 모아놓고 물건을 만드는 공장식 생산 방식이 일반화된 것이다. 결국 사람들은 집에서 일하는 대신 공장으로 출근해 증기기관으로 작동하는 기계에 맞추어 일하기 시작했으며, 공장에서 다량의 물건을 싸게 만들어내면서 더 많은 물건을 소비할 수도 있게 되었다.

증기기관은 교통수단에도 변화를 가져왔다. 마차를 타고 근거리만 이동하던 사람들은 증기기관을 활용한 기차(증기 기관차)가 등장하면서 자신이 사는 지역을 쉽게 벗어날 수 있게 되었다. 증기기관의 등장은 사람들의 삶에 엄청난 변화를 가져왔으며, 우리는 이 시기를 1차 산업혁명의 시기라고 한다.

1차 산업혁명은 18세기 중반부터 19세기 초반(1760년~1820년) 영국에서 시작된 사회, 경제 등의 큰 변화를 말한다. 당시 영국에서는 발전된 농업 기술과 농기구의 사용, 새로운 작물의 개발, 가축들의 신품종 번식 등으로 농업혁명이 일어났고 농작물의 생산량 또한 크게 증가하였다. 이것은 후에 2차 인클로저 현상과 관련이 있다. 더 이상 필요치 않게 된 인력들은 공업 중심지에 몰려들어 공장 노동자로서 노동력을 제공할 수 있었다. 또한 농작물 생산량의 증가는 식량뿐 아니라 면과 모의 생산도 계속적으로 증가시켜 섬유 산업의 발달도 촉진시켰다.

집에서 자급자족하던 전통적인 방식의 면직 산업은 방적기*의 등장으로 실의 생산량이 10배 가까이 늘게 되고, 1800년대에 이르러서는 영국의 주요 산업이 되었다. 영국의 작은 도시였던 맨체스터는 방직공장이 하나 둘 들어서면서 1911년에는 인구 230명의 대도시로 성장했다. 와트가 발명한 증기기관은 방직기**와 역직기***에도 도입되어 직물의 대량 생산을 가능하게 했고, 섬유를 운송하던 운송 수단으로써 증기 기관차, 증기선 등 수송 분야에도 혁명을 일으켰다. 철의 제련 과정에서

수력 방적기를 발명한 아크라이트

---

* 실을 뽑는 기계
** 실로 직물을 짜는 기계
*** 자동으로 직물을 짜는 기계

도 숯 대신 석탄이 사용되고, 제철소에 증기기관이 도입되면서 철의 생산량도 크게 증가했으며, 이를 바탕으로 더욱 다양한 분야에서 사용되었다.

이제 세계는 증기기관의 도입으로 기계가 생산을 지탱하는 중요한 역할을 하게 되었고, 직물의 생산과 철의 제련 과정에도 증기기관이 도입되면서 섬유 산업과 제철 산업이 경제 발전을 주도하게 되었다. 이 세 가지 기술의 혁신과 새로운 제조 공정으로의 전환에서 시작된 영국의 산업혁명은 후에 전 세계로 확산되어 세계를 크게 바꾸어 놓았다.

└ 인클로저와 젠트리, '양이 인간을 잡아먹는다'

16세기 영국에서는 토지를 가진 봉건 영주들이 자신의 소유지에서 농사를 짓는 대신 목축업에 뛰어들었다. 당시 대서양으로 나가는 항로가 개발되면서 양모의 가격이 크게 올라 농사를 짓는 것보다 양모를 팔아 돈을 버는 것이 경제적으로 이득이었기 때문이다. 젠트리*라고 불리는 그들은 자신의 소유지에 판매용 곡물이나 양을 키우기 시작하고, 공유지에 울타리를 세웠다. 인클로저(Enclosure)는 이렇게 봉건 영주나 지주가 공유지와 소작지에서 소작농을 쫓아낸 뒤 토지에 경계를 만들어 소유권을 확보하고, 그 토지에 양을 방목하거나 임금 노동자를 고용하여 도시에 판매할 농작물을 재배하는 경제 현상이다. 토지를 독점하기 위해 울타리를 치고 공동의 권리를 제거하는

---

* 영국에서 중세 후기에 생긴 신분으로 귀족과 요먼(농민의 상층부) 사이의 중산적(中産的) 토지 소유자층

것이다. 그로 인해 일부 소작지를 받거나 공유지에 농사를 지으며 생계를 유지하던 소작농과 영세 농민들은 농토를 잃고 고향을 떠나 도시로 쫓겨났다. 반면 젠트리 층은 인클로저를 통해 막대한 부를 축적할 수 있게 되어 빈부격차가 심각해지게 되었다. 토머스 모어(Thomas More)는 이러한 현상을 일컬어 "양은 온순한 동물이지만 영국에서는 사람을 잡아먹는다"라고 표현했다.

16세기의 1차 인클로저에서 울타리의 역할이 목장을 만드는 것이었다면 2차 인클로저의 울타리는 상업으로 농장을 경영하기 위해 세워졌다. 18세기 후반에서 19세기 전반에 걸쳐 인구 증가로 인한 식량 수요량이 증가하자 곡물의 가격이 오르게 되었다. 마침 산업혁명으로 인해 농업이 기계화되어 농작물 재배가 수월해지고 정부에서도 농업을 장려하는 정책을 내놓았다. 자본가들이 소농민의 토지를 흡수하여 대농장을 경영하기 시작하면서, 소작농들은 토지를 이탈하여 도시의 임금 노동자로 흡수될 수밖에 없었다. 이로 인해 공업에 필요한 노동력도 값싸고 풍부하게 제공되었다.

└ 도시로 향한 농민들

인클로저로 농토를 잃은 농민들은 자신의 노동을 팔기 위해 도시로 향했다. 마침 도시에서는 증기기관을 이용한 기계들의 발명으로 많은 공장이 생기고, 임금 노동자를 필요로 했다. 농촌 인구의 대부분은 도시로 이주하게 되었으며, 이로 인해 도시 인구는 폭발적인 증가세를 보였다.

하지만 산업혁명으로 수많은 공장이 세워진 도시에는 석탄 연기로 인해 공기의 질이 매우 나빠졌다. 도시는 점점 비위생적이고 악취가 심하며, 불결한 환경으로 변해갔다. 노동자들은 비좁은 공장 내에서 제대로 된 근로 시간 기준도 없이 장시간 노동을 강요받았으며, 여성이나 어린이의 노동도 크게 늘어났다. 만 7세가 지난 어린이들이 탄광이나 공장에서 제대로 쉬지도 못하고, 매일 10시간 이상 일을 하는 등 인권 유린과 아동 학대가 이루어졌다.

다행히 산업혁명 후반기 지식인과 정치인, 그리고 소수의 자본가들이 문제의 심각성을 인지하고 복지 제도와 사회 보험 제도를 도입하고, 규제를 시작했다. 노동자들의 건강이 나빠져서 조기 사망하는 것도 문제지만, 경제적 양극화로 인해 노동자들의 구매력이 없어지게 되면 생산물을 구매할 수요자가 줄어든다는 이유도 있었다. 대표적으로 12세 이하 어린이들의 노동시간을 규정하기 시작했는데, 당시 일부에서는 "아이들의 일할 권리와 자유를 빼앗지 말라!"라는 논리로 이에 반대하기도 했다.

└ 토머스 모어와 프릭 컬렉션

"양이 사람을 잡아먹는다"라며 인클로저 현상을 비판한 토머스 모어(Thomas More, 1478~1535)는 영국의 인문주의자이자 정치가이다. 1529년부터 1532년까지 대법관을 포함하여 여러 관직을 역임했으

뉴욕 맨해튼의 프릭 컬렉션

〈토머스 모어의 초상〉, 프릭 컬렉션

나, 왕의 이혼에 끝내 동의하지 않았
다는 이유로 참수 당했다. 1516년에는
자신이 저술한 책에서 묘사한 이상적
인 정치 체제를 지닌 상상의 나라를
유토피아(Utopia)라고 칭하면서 이 단
어를 만들어냈다. 뉴욕시 맨해튼의 프
릭 컬렉션(Frick Collection)에는 독일인이
자 영국의 궁정화가 한스 홀바인(Hans
Holbein, 1497~1543)이 그린 〈토머스 모
어의 초상〉이 전시되어 있다. 프릭 컬

렉션은 피츠버그의 창업자였던 헨리 클레이 프릭(Henry Clay Frick, 1849~1919)이 생전에 살았던 저택을 기증한 후 개조하여 1935년 개관한 미술관으로, 그가 평생 모아둔 소장품들이 전시되어 있는 곳이다. 만약 아무런 정보 없이 이곳을 방문한다면 '아…… 토머스 모어구나' '토머스 크롬웰은 누구지?' 하고 스쳐 지나갈 것이다. 하지만 이곳

토머스 모어의 『유토피아』

안정된 국가 권력이란 무엇인가에 대해 고민하던 모어는 자신이 생각하는 이상적인 국가의 모습을 『유토피아』에서 묘사한다. 이 책은 1, 2권으로 되어 있는데 1권은 유럽 국가들의 문제점을 풍자하고, 2권은 이상적인 국가의 모습 '유토피아'에 대해 이야기한다. 모어가 이 책을 처음 쓴 시기는 외교관이었던 1516년경이었다. 당시 영국에서는 인클로저의 영향으로 지주나 장로가 양모 거래를 위하여 농장을 둘러싸고 양을 기르고, 소작농들을 내쫓는 현상이 나타나고 있었는데 모어는 이 상황을 개탄하며 『유토피아』 1권에 다음과 같은 문구를 써내려 갔다.

"양은 온순한 동물이지만
영국에서는 인간을 잡아먹는다."

암브로시우스 홀바인의 목판화가 실린 1518년 판 『유토피아』

2권에서는 '유토피아'라는 섬이 등장하는데, 이곳에서는 남자와 여자가 동일하게 교육을 받으며, 서로 다른 종교에 대해 인정한다. 재산권이나 화폐가 없으며, 모두가 똑같은 집에서 살아가고 동일하게 일한다. 모어는 이와 같은 묘사로 자신이 생각하는 이상적인 국가의 모습을 제안했다.

에 걸려있는 그림을 굳이 이렇게 진열해 놓은 프릭 컬렉션 측의 의도를 알게 되면 더 흥미롭게 전시를 감상할 수 있다.

이곳에서는 모어의 초상과 크롬웰의 초상을 하나의 그림에서 볼 수 있다. 크롬웰은 모어의 정치적 숙적이자 그의 사형을 주도했던 인물이다. 모어는 기독교 성인으로 생전에 종교 개혁을 부정하고 개신교도들을 탄압하였다. 또한 교황권을 부정하고 영국 교회의 수장이라고 주장하던 왕(헨리 8세)에 맞서다 결국 반역죄로 처형을 당했다. 크롬웰은 모어의 반대편에서 왕이 교회의 수장이 되어야 한다는 입장이었다. 그는 아이러니하게도 왕의 재혼을 추진한 이유로 결국 모어와 같은 반역죄로 참수되었다.

노동자들의 반란

└ 기계가 일자리를 빼앗다

영국의 산업은 18세기 초까지 숙련공*들이 공장에서 규격화된 제품을 생산하는 공장제 수공업의 시대였다. 하지만 산업혁명과 함께 등장한 증기기관이 다양한 분야에서 개량되었고, 방직기와 같은 기계가 보급되자 수공업은 점차 몰락하였다. 공장의 기계들은 숙련된 노동자들의 일을 대신하게 되었고, 소수의 인원만 고용해도 충분히

---

* 기술을 익힌 노동자

제품 생산이 가능했다. 이러한 이유로 저임금으로 일을 시킬 수 있는 여성과 미성년자들의 고용이 폭발적으로 늘어나게 되었다. 숙련공의 가치는 급속하게 떨어졌고, 많은 수공업자들이 공장 문을 닫고 노동자로 전락했다. 상인과 숙련공이 주도하던 공장제 수공업 대신 소수의 자본가가 노동자를 고용해서 제품을 대량생산하는 시대가 도래한 것이다.

18세기 후반의 영국은 인구가 급속히 증가하기 시작했고, 인클로저 운동으로 많은 농민들이 고향을 떠나 도시를 찾았다. 도시의 노동력은 넘쳐나게 되고, 자본가들은 적은 임금으로 노동자들을 고용하여 하루 12시간이 넘는 장시간 노동을 시켰다. 하지만 실제로 노동자들이 받는 임금은 빵 한 개 가격 정도로 가족을 부양하는 것은 어림없는 일이었다. 반면 자본가들은 많은 재산을 모아 부르주아*로서 호화로운 생활을 누리게 되었다. 게다가 당시 영국 정부도 자본가들의 편이었다. 매년 일정액 이상의 세금을 내는 부유층 남성에게만 투표권을 주었기 때문에 투표권이 없는 노동자, 소작농, 빈민 계층의 의견은 무시되고 존중받지 못했다. 결국 영국 정부는 자본가와 결탁하여 「단결금지법」까지 제정했고, 19세기 영국의 노동자들은 노동조합 결성, 단체교섭, 파업 등으로 집단형태의 노동운동을 할 수 없었다.

* 중세 유럽 도시의 중산 계급 시민

『올리버 트위스트(Oliver Twist)』는 1837년 출판된 찰스 디킨스의 소설이다. 주인공인 고아 소년이 런던 슬럼가의 소매치기 일당 손아귀에서 고생하는 이야기로 영국 산업혁명 시기 노동자들의 비참한 삶을 고발하는 작품이다. 이 소설이 출간되고 몇 년 사이 찰스 디킨스는 당대 가장 인기 있고, 가장 널리 읽히는 작가가 되었다. 1837년에서 1838년까지 런던의 문예 잡지에는 「올리버 트위스트」라는 연재물이 게재되기도 하고, 많은 영화와 TV 프로그램이 만들어졌으며, 영국 뮤지컬 〈Oliver!〉도 이 책의 내용을 바탕으로 만들어졌다.

찰스 디킨스의 소설 「올리버 트위스트」

ㄴ 내 일자리를 돌려줘, 러다이트 운동

　노동자들의 삶은 점점 피폐해지고, 빈부격차는 급속도로 벌어졌다. 노동조합을 결성하거나 단체 행동을 할 수 없던 노동자들은 결국 폭력적인 형태로 불만을 터뜨렸다. "기계로 인해 계속 고통을 받을 바에야 차라리 부숴버리는 게 낫다"라는 주장이 비정규직 섬유 노동자들 사이에서부터 터져 나온 것이다. 사람들은 공장이 가동되지 않는 밤이 되면 몰래 망치로 기계를 부수거나 공장을 불태웠고, 이것이 러다이트 운동으로 이어지게 되었다.

　러다이트 운동은 1811년부터 1817년까지 영국 중부·북부 직물

러다이트 운동

공업 지대에서 발생한 대규모 기계 파괴 운동으로 N. 러드라는 가상 인물의 지도하에 조직적으로 전개되어 러다이트 운동이라고 한다.

당시 영국은 나폴레옹 전쟁의 여파로 경제적 불황 시기였기 때문에 이 운동은 대중들의 지지를 받는다. 일부 지식인들조차 노동자들의 요구를 지지했으며, 자발적인 후원금도 쏟아지기 시작했다. 정부에서 군대를 풀어 노동자들을 탄압하고, 강경하게 대응하면서 러다이트 운동은 잠시 주춤했다. 그러나 기계로 인한 생산성 향상은 이미 무시할 수 없는 수준에 이르렀고, 노동자들의 불안감은 지속되었다.

결국 노동자들은 폭력 투쟁이 아닌 의회 민주주의로 투쟁하는 방식을 선택하였는데, 이를 차티스트 운동 또는 차티즘이라고 한다. 노동자들이 자신의 권리를 찾고자 보통 선거(Universal suffrage)를 요구한 것이다. 보통 선거는 나이 이외의 자격 조건을 두지 않고 국민 모두에게 선거권이 주어지게 된다. 이 과정을 통해 결국 노동자에게 노조의 설립이 허용되고, 단체 교섭을 인정받는 등 영국 정치권과 자본가들의 양보를 이끌어냈다. 노동조합이 자본가와 협상하고 그 내용을 문서화하는 단체 교섭권도 러다이트 운동에서 유래한다.

러다이트 운동은 단순한 기계 파괴 운동이 아니라 산업혁명으로 자본주의 시장 경제가 자리 잡아가던 영국에서 노동자들이 자신들의 권익을 요구하며, 자본가에게 맞선 최초의 계급 투쟁이자 노동 운동이라는 데 그 의의가 있다.

윌리엄 모리스의 '미술 공예 운동', 수공예의 가치를 찾다

산업혁명으로 기계에 의해 대량 생산된 물건이 쏟아져 나오자 물건의 품질은 떨어지고, 획일화되었다. 일부 사람들은 기계 만능주의가 생활 속의 아름다움을 파괴하지 않을까 우려하기 시작했다. 1851년 런던 수정궁에서 열린 만국박람회는 이 문제를 더욱 심각하게 여기는 계기가 되었다. 영국은 박람회에서 자국 산업의 위상을 알리기 위해 다양한 제품을 출품하였으나 미적인 수준이 크게 떨어졌다. 미술 평론가이자 사상가였던 존 러스킨(John Ruskin, 1819~1900)과 화가이자 공예가였던 윌리엄 모리스(William Morris, 1834~1896)를 중심으로 미술 공예 운동(Arts and Crafts Movement)이 일어나게 되었다.

그 시작은 1861년 '모리스 마샬 포크너(Morris, Marshall, Faulkner & Co)'라는 회사의 설립이었다. 이곳에서는 철저한 분업을 통해 수작업으로 태피스트리 직물, 가구, 금속 제품, 스테인드글라스 등을 만들었는데 폭넓은 제품군과 저렴한 가격이 장점이었다.

이러한 움직임은 수많은 건축가와 공예가의 호응을 받아 중세 시대의 길드*와 같은 시스템을 복구하고, 손작업으로 만든 공예품의 아름다움을 다시 알리는 데 큰 역할을 했다.

---

* 11세기 이후 유럽의 각 도시에서 발달한 상공업자들의 동업 조합

존 러스킨

윌리엄 모리스

모리스 등이 디자인한 스테인드글라스

윌리엄 모리스가 직접 지은 붉은 벽돌집

제1, 2차 세계대전과 냉전
그리고 통합

전쟁의 승자와 패자가 있을까? 세계 대전이 인류에게 남긴 유산을 찾아 박물관 속으로 떠나보자! 베르됭 기념관과 두오몽 납골당에서 1차 세계대전 당시 베르됭 전쟁에 참여했고 지금은 두오몽 납골당에 함께 안치되어 있는 프랑스 군인과 독일 군인을 만난다. 당시 참혹했던 전쟁터의 실상에 대해 묻고, 과연 전쟁의 승자와 패자는 있는지에 대해 생각해 본다. 아우슈비츠 비르케나우 수용소 박물관에서 당시 강제 수용소에 갔혔던 유대인을 만난다. 그들은 왜 강제 수용소에 오게 되었는지, 강제 수용소에서의 삶(강제 노동, 생체 실험, 가스실 등)은 어떠했는지 묻는다. 이와 함께 일제강점기 일본에 의해 강제 징용 또는 징병된 한국인들의 아픔을 공감해 본다. 브뤼셀 유럽역사의 집에서는 유럽 시민권을 가진 벨기에 국민을 만나 유럽 연합 시민으로서 누릴 수 있는 권리에 대해 물어본다. 이를 통해 유럽국가간의 정치 경제 연합체의 성격과 이점을 배운다.

프랑스 베르됭 기념관에서 만난
제1차 세계대전

"지옥도 이보다 더 참혹할 수는 없다. 여기에 있는 우리 모두는 미
쳤다."
　-프랑스 육군 알프레드 주베르 보병 중위가 사망하기 전 적은 일기
　(1916년 5월 23일)

　100여 년 전 베르됭은 어느 군인이 일기에 남긴 것처럼 지옥보다
더 처참한 곳이었다. 끝없이 오고가는 총탄과 포격 소리 속에서 언제
끝날지 알 수 없는 전쟁을 아무런 의식도 없이 이어가고 있을 뿐이었
다. 프랑스군인가, 독일군인가? 하는 것은 의미가 없었다. 그저 서로
를 전부 죽여야만 끝나는 전쟁이 계속되었을 뿐이다.

　1차 세계대전 중 일어난 여러 전투 가운데 가장 대표적인 전투가
바로 이곳 베르됭에서 일어났다. 베르됭 전투는 1916년 2월 21일부터

1916년 12월 19일까지 무려 300일 동안 전개되었고, 총 230만 명이 동원된 이 전투에서 약 16만 명의 프랑스군과 약 14만 명의 독일군 등 총 30만 명의 사망자가 발생했다. 이 전투는 1차 세계대전 당시 가장 오랜 기간 동안 싸운 그리고 가장 많은 희생자를 낸 전투였다. 그래서 베르됭 전투를 독일어로 'Die Hölle von Verdun(베르됭의 지옥)'이라고도 한다.

프랑스 북동부 플뢰리-데방-두오몽이라는 작은 마을에는 이 베르됭 전투를 기념하기 위한 기념관이 건립되었다. 이 기념관에는 2,000여 점이 넘는 전시품이 있다. 군복, 대포 등의 무기, 이동식 부엌, 트럭, 비행기, 식기 등의 생활용품, 장난감과 훈장, 깃발 등의 추모용품, 이 외에도 신문, 포스터, 그림 자료들이 전시되어 있다.

베르됭 기념관

두오몽 납골당

두오몽 묘지

두오몽 납골당은 1932년 8월 7일 개관했다. 이곳에는 베르됭 전투에서 전사한 프랑스와 독일의 군인 중 신원이 확인되지 않은 약 130,000명의 유골이 보관되어 있으며, 건물 내부의 천장과 벽에는 전사한 군인들의 이름을 기록한 명판이 붙어 있다. 그리고 기념관 앞에는 16,142개의 무덤이 있다. 1차 세계대전 당시 조성된 프랑스에서 가장 큰 묘지이다. 반듯하게 정렬해 있는 셀 수 없이 많은 십자가가 당시 치열했던 전투 현장을 나타내준다.

제1차 세계대전이 일어난 지 100여 년이 지난 지금, 당시의 상황을 생생하게 기억하고 있는 사람은 거의 남아 있지 않다. 하지만 전쟁의 흔적들을 고스란히 담고 있는 전적지와 수천 개의 추모비, 기념관에

두오몽 묘지

보존된 유물과 사진들은 지금도 생생하게 우리에게 전쟁의 잔혹상을 말해주고 있다. 제1차 세계대전에 대해 살펴보자.

└ 민족의 갈등으로 시작된 전쟁

1차 대전의 결과는 참혹했다. 엄청난 물적 피해뿐만 아니라 800만 명의 군인이 죽었고 2,100만 명이 부상을 당했다. 더욱 충격적인 것은 군인보다 더 많은 수인 대략 1,000만 명의 민간인이 폭격과 기아, 질병으로 사망한 것이다. 19세기 이래 서구 사회가 이룩한 과학과 기술의 진보는 전쟁에서 엄청난 파괴력을 발휘하였다.

－ 교육과학기술부, 『사료로 보는 세계사』, 360쪽

19세기 말부터 20세기 초에 걸쳐 유럽의 강대국들은 서로 더 많은 식민지를 차지하기 위해 경쟁했다. 이 과정에서 일찌감치 식민지 확보에 나섰던 영국과 프랑스는 러시아와 함께 삼국 협상을 맺었고, 뒤이어 식민지 경쟁에 뛰어든 독일은 오스트리아·헝가리 제국, 이탈리아와 삼국 동맹을 맺었다. 이 두 세력의 치열한 식민지 확보 경쟁은 '유럽의 화약고'로 불리는 발칸반도에서 결국 폭발하였다. 발칸반도는 오스만 제국의 지배를 받았는데, 19세기 오스만 제국이 쇠약해지자 곳곳에서 민족 운동이 일어났다. 발칸반도는 다양한 민족과 종교가 얽혀있는 곳이다 보니, 언제든지 폭발할 위험이 있는 곳이었다. 당시 오스트리아·헝가리 제국은 슬라브계 민족의 독립을 저지하기 위해 보스니아를 점령하였다(1908). 이에 세르비아는 범슬라브주의

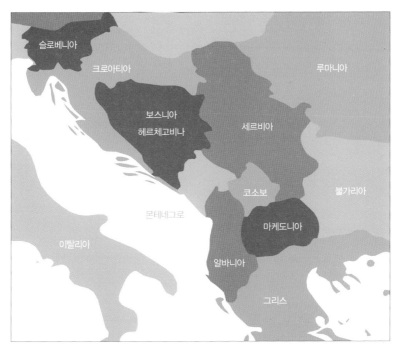

발칸반도 국가 지도

를 내세우면서 불가리아, 몬테네그로, 그리스 등과 발칸 동맹을 결
성해서 오스만 제국을 몰아내고 발칸반도 대부분을 차지한 상황이
었다.

　1914년 6월 28일, 결국 보스니아의 수도 사라예보에서 인류 전체
에 대재앙을 가져올 사건이 발생했다. 세르비아 청년이 오스트리아
황태자 부부를 쏘아 죽인 것이다. 오스트리아·헝가리 제국은 즉시

세르비아에 선전 포고를 했다. 그러자 세르비아의 동맹국인 러시아가 오스트리아 헝가리 제국을 공격했고, 이후 오스트리아 헝가리 제국의 동맹국인 독일이 러시아에 선전 포고를 했다. 이어서 삼국 협상과 삼국 동맹 관계에 따라 대립하면서 유럽 전체는 전쟁터가 되었고, 이 전쟁을 유럽 사람들은 '그레이트 워(Great War)'라고 했다. 우리가 알고 있는 제1차 세계대전이 시작된 것이다.

전쟁 초기에는 길지 않은 시간에 전쟁이 끝날 것으로 생각했다. 하지만 전선이 고착화되면서 참호전이 전개되었고, 상대의 방어선을 돌파하기 위한 양측의 대공세가 이어지면서 막대한 사상자가 발생하게 되었다. 전쟁 중 오스트리아·헝가리 제국과 대립하던 이탈리아는 동맹국에서 이탈하여 협상 측(연합군)에 가담하고, 오스만 제국이 동맹국 측에 참가하면서 전쟁은 더욱 확대되었다.

1차 세계대전은 육지와 바다, 하늘을 가리지 않고 전개되었다. 게다가 전투 상황에 따라 이전에는 없던 전차(탱크), 기관총, 수류탄, 잠수함, 비행기, 독가스 등 다양한 신무기가 등장하였다. 육지에서의 참호전으로 인한 전선의 교착은 다양한 무기 체계의 발전을 이끌었다. 독가스(유독성 염소가스, chlorine gas)는 참호 속 병사들을 공격하기 위해 이프르 전투에서 처음 사용되었다. 독일군은 제2차 이프르 전투를 시작하면서 프랑스군에게 독가스를 살포하였고, 전쟁 기간 동안 총 120만 명 정도가 독가스에 희생되었다. 전차(탱크)는 참호전이 전개될 때 적의 기관총을 피해 안전하게 앞으로 나가고 철조망을 뚫기 위해 만들어졌다. 주로 보병들이 적진으로 진격할 때 지원하는 방식으로 활용되었다.

하늘에서는 비행기가 전투에 활용되었다. 비행기는 주로 정찰용이나 저격용으로 사용하였는데, 두 명의 군인이 탑승하여 각각 조종, 기관총을 쏘는 저격을 담당하였다. 비행기를 이용한 작전 수행은 참호전에 의한 교착 상태를 타개하려는 방안이었다. 바다에서는 잠수함이 등장했다. 독일은 무제한 잠수함 작

곡사포

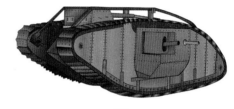

전차

전을 전개하였고, 연합군은 수중 청음기와 수중음파 탐지기를 개발하여 맞섰다.

이렇게 새롭게 등장한 현대식 무기들은 무서운 파괴력과 살상력을 보여주었고, 이에 따른 전쟁의 희생자는 이전에 있었던 전쟁과는 비교할 수 없을 정도로 증가했다.

└ 연합군의 승리와 아물지 않은 상처

전쟁이 장기화되면서 전쟁에 반대하는 움직임도 나타났다. 1917년

러시아는 사회주의 혁명 발발 후 독일과 강화 조약을 맺고 전쟁 중지를 선언하였다.

전쟁에서 확실한 승기를 잡지 못한 독일은 잠수함을 이용하여 영국 해안을 봉쇄하는 작전을 펼쳤다. 군함뿐만 아니라 민간 상선까지도 무차별 공격을 했다. 결국 1915년 5월 7일 독일 잠수함의 공격을 받고 영국 상선이 침몰당하는 사건이 발생했다. 당시 1,200여 명의 승객이 바다에 빠져 죽었는데, 그중에는 미국인 128명도 포함되었다. 미국은 독일에 강력히 항의했으나, 독일은 무제한 잠수함 작전을 계속 전개한다고 발표하였다.

이후 미국은 중립을 지키겠다는 입장을 바꿔 독일에 선전 포고를 하고 전쟁 참여를 결정한다. 당시 미국은 전쟁의 소용돌이에 휩싸인 유럽에 군수 물자를 팔아 엄청난 이윤을 얻으면서 세계 최강대국으로 성장하고 있었다. 이러한 미국의 전쟁 참전은 전쟁의 승세를 연합군 측으로 급격히 기울게 만들었다.

결국 동맹군에 속했던 오스트리아·헝가리 제국과 오스만 제국이 먼저 항복을 선언했고, 이후 1918년 11월 11일 독일이 연합국에 항복하면서 제1차 세계대전은 막을 내린다. 제1차 세계대전 동안 발생한 피해 규모와 희생자를 정확하게 파악하는 것은 사실상 불가능하다. 대략 추정하고 있는 것은 독일에서는 180만여 명 사망, 424만여 명이 부상을 당하였고, 프랑스에서는 500만여 명의 사상자 중 약 138만여 명이 사망하거나 실종된 것으로 추정된다. 영국에서는 95만여 명이 사망하거나 실종되었고, 뒤늦게 전쟁에 뛰어든 미국에서도 11만

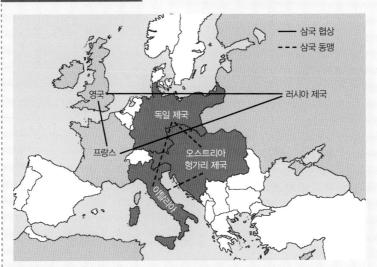

삼국 협상 vs 삼국 동맹

삼국 협상 vs 삼국 동맹

20세기에 접어들어 세계의 열강은 두 진영으로 나뉘어 대립하였다. 영국은 프랑스, 러시아와 삼국 협상을 맺었고, 독일은 오스트리아·헝가리 제국, 이탈리아와 삼국 동맹을 결성하였다. 이러한 상황 속에서 열강들은 식민지 확보에 열을 올렸다. 독일은 발칸반도와 서아시아 지역에 욕심을 부렸고, 영국은 이집트와 페르시아 남부, 아프가니스탄으로 진출을 노렸다. 프랑스는 모로코로, 러시아는 페르시아 북부와 발칸반도 방면으로 진출을 시도하면서 서로를 견제하였다.

오스만 튀르크의 지배가 약화되었던 발칸반도에서는 남하 정책을 추진한 러시아의 범슬라브주의와 중부 유럽으로 진출하려는 독일의 범게르만주의가 대립하게 된다. 이 발칸반도는 유럽의 화약고라 불릴 만큼 긴장이 고조되어 제국주의 열강의 이해 관계가 가장 크게 충돌하였으며, 1914년 사라예보 사건을 시작으로 전 세계를 전쟁의 광풍에 휩싸이게 하면서 제1차 세계대전이라는 대규모 전쟁이 시작되었다.

여 명의 사망자를 포함하여 총 32만여 명의 사상자가 나왔다. 이처럼 제1차 세계대전은 연합국과 동맹국 모두에게 막대한 인적, 물적 피해를 남긴 채 끝났다.

제1차 세계대전이 끝나고 전후 문제 처리와 평화 체제 마련을 위해 파리 강화 회의가 열렸다. 연합국은 독일과 베르사유 조약을 체결하고, 이어서 다른 패전국들과도 개별적으로 강화 조약을 체결하였다. 이렇게 형성된 베르사유 체제는 겉으로는 전쟁 방지, 세계 평화 확립 등을 내걸었지만, 주요 결정은 승전국의 이익에 따라 내려졌고, 패전국에는 철저한 보복과 응징이 가해졌다. 특히 독일의 경우 해외 식민지를 모두 상실했고, 막대한 배상금과 군비 감축 요구를 받게 된다.

아우슈비츠 비르케나우 수용소 박물관에서 만난 제2차 세계대전

······ 트럭이 서자 마치 감자나 석탄 짐을 내릴 때처럼 짐칸을 기울여 올려 우리를 쏟아냈습니다. 우리가 끌려 들어간 방은 샤워장같이 보이는 방이었습니다. 수건도 걸려 있고 샤워꼭지도 있고, 거울까지 있었습니다. 나는 공포에 질려 있었기 때문에 방 안에 사람이 모두 몇이나 있었는지도, 문이 닫혀 있었는지도 확실히 기억할 수 없습니다. 울고 있는 사람들도 있었고, 서로에게 소리 지르는 사람들도 있었고, 서로 주먹질을 하는 사람들도 있었습니다. 건강한 사람들, 힘센 사람들이 있는가 하면 약한 사람들, 병든 사람들도 있었습니다. 그런데 갑

자기 꼭대기의 아주 조그만 창문에서 연기가 쏟아져 들어오는 깃이 눈에 띄었습니다. 격렬한 기침이 걷잡을 수 없이 터져 나왔고 눈에서는 눈물이 줄줄 흘러나왔으며, 목을 졸리는 것 같은 느낌이 일어났습니다. 나 자신에게 일어나는 변화에 사로잡혀 다른 사람들을 쳐다볼 틈도 없었습니다.

　　　　　　　　　　- 소피아 리트빈슈카, '아우슈비츠 가스실'(1941. 12. 25),

　　　　　　　　　　　　　　　　　　『역사의 원전』, 737쪽

　제2차 세계대전은 인류 역사상 가장 큰 인적, 물적 피해를 남긴 전쟁이었다. 특히 전쟁에 참여한 군인보다 훨씬 더 많은 민간인이 목숨을 잃었는데 그것은 전쟁으로 인한 전염병, 기아뿐만 아니라 전략 폭력, 집단 학살 등이 곳곳에서 이뤄졌기 때문이다. 당시 독일은 점령지에 수용소를 만들어 유대인, 집시, 공산주의자 등을 몰아넣은 뒤 강제 노동을 시켰고, 기력이 다해 쓸모가 없어지면 샤워실을 위장한 가

수용소 사람들

독가스

스실에서 죽였다.

이처럼 독일이 자행한 유대인 대학살을 홀로코스트라고 한다. 홀로코스트가 자행된 가장 대표적인 곳이 폴란드에 있는 아우슈비츠 수용소이다. 이토록 잔인한 전쟁과 학살은 왜 또 일어난 것일까? 제2차 세계대전이 일어난 배경과 과정, 그로 인한 피해에 대해서 알아보자.

└ 독일은 왜 전쟁을 또 일으켰나

제1차 세계대전이 끝난 지 20년이 지나 이탈리아와 독일이 전체주의 체제를 구축하고 주변 국가를 침략하면서 유럽은 다시 한번 전쟁의 소용돌이에 휩싸이게 된다. 독일은 제1차 세계대전의 패전 책임으로 막대한 배상금을 부담해야 했지만 전쟁 배상금 삭감과 미국의 지원 등으로 경제를 회복하기 시작했다. 그러나 1929년 대공황이 발생하면서 다시 정치적·경제적 혼란에 빠지게 된다.

계속되는 전쟁 위기 속에서 독일인들은 좌파와 우파 상관없이 급진적인 해결책을 찾기 시작했고, 패전의 굴욕에서 벗어나 독일의 자존심을 되찾아야 한다고 주장한 히틀러와 나치당이 등장하여 국민들의 열렬한 지지를 받게 된다. 결국 나치당은 선거를 통해 제1당이 되었으며, 히틀러는 총통에 취임하였다. 정권을 잡은 히틀러는 국제 연맹을 탈퇴하고 독일의 재무장을 추진했으며 비밀경찰인 게슈타포를 통해 강력한 독재 체제를 구축하였다.

대공황이 발생하자 이탈리아에서는 정권을 장악한 무솔리니가 알

바니아를 보호국으로 삼은 후 에티오피아를 정복하였다. 국제 연맹이 이를 제재하자 이탈리아는 국제 연맹을 탈퇴하였다. 독일도 국제 연맹을 탈퇴하고 비무장 지대인 라인란트를 침공하였다(1936). 이어서 독일과 이탈리아는 에스파냐 내전에도 개입하여 독재 정부인 프랑코 세력을 후원하였다. 1937년에는 독일과 이탈리아, 일본이 3국 간 방공 협정을 체결하여 추축국(중심축) 동맹을 결성하였다.

1938년 독일은 오스트리아를 강제로 합병하고 체코슬로바키아의 수데텐 지방을 요구하였다. 독일을 이용하여 공산주의의 확산을 막으려던 영국과 프랑스는 소련과 체코슬로바키아의 반대에도 불구하고 더 이상의 영토를 요구하지 않는다는 조건으로 독일에 수데텐 지방을 넘겨주었다. 하지만 독일의 히틀러는 이 약속을 깨고 체코슬로바키아의 나머지 지역과 폴란드 회랑 지대까지 차지하려 했고, 영국과 프랑스는 이를 거부하였다. 그러자 독일은 소련과 불가침 조약을 체결한 뒤, 1939년 9월 1일 선전 포고 없이 폴란드를 기습적으로 침공하였다. 이에 영국과 프랑스가 독일에 선전 포고를 하면서 제2차 세계대전의 막이 오르게 된다.

먼저 독일은 폴란드 서부 지역을 차지한 뒤 덴마크와 노르웨이를 점령하였다. 이어서 프랑스를 침공하여 수도인 파리를 점령하고 페탱(1856~1951)을 수반으로 한 비시 정부를 수립하였다. 프랑스 내에서는 '레지스탕스(저항 운동)'가 조직되어 독일 점령군에 맞서 프랑스 해방 운동을 전개하였다. 프랑스가 독일에 항복하자 프랑스 군인이었던 드골은 영국으로 망명하였다. 이후 그는 '자유 프랑스'를 결성하여 독

노르망디 상륙작전. 1944년 6월 6일 아침. 오마하 해변으로 몰려가는 미국 육군 제1사단 제16연대

일에 대한 저항을 지도하였다. 영국인들도 총리였던 처칠을 중심으로 단합하여 독일 공군의 공습을 물리쳤다.

1941년 독일은 독소 불가침 조약을 일방적으로 파기하고 소련을 침공하여 모스크바 부근까지 진격하였으며, 일본도 미국 하와이의 진주만을 기습하였다(1941). 이로써 전쟁은 미국, 영국, 프랑스, 소련 등의 연합국과 독일, 이탈리아, 일본 등의 추축국 맞대결로 전개되었다.

이후 연합군 측의 소련이 스탈린그라드 전투(1942~1943)에서 독일군을 물리치고, 미군은 미드웨이 해전(1942)에서 일본군을 격퇴하면서 전세는 연합군 측으로 기울어졌다. 이탈리아는 전세 악화와 비판 여론 속에서 무솔리니가 몰락하면서 연합군에 항복하였다(1943. 9).

1944년 6월 연합국은 노르망디 상륙 작전을 펼쳐 파리를 되찾고, 독일 본토로 진격하였다. 이어서 소련도 서쪽으로 계속 진격하며 독일을 압박했고, 독일은 무조건 항복을 선언하였다(1945. 5.). 아시아·태평양 전선에서는 미국이 히로시마와 나가사키에 원자 폭탄을 투하하고 소련이 일본에 선전 포고를 하자 일본도 무조건 항복을 선언하였다(1945. 8.). 이로써 제2차 세계대전은 막을 내리게 된다.

└ 강제 수용소와 집단 학살

히틀러와 그 추종자들은 아리안의 피는 다른 어떤 인종보다 우월하다고 생각했다. 집시와 흑인 그리고 다른 모든 인종은 아리안보다 열등하며, 모든 인종 중에서 가장 '열등한' 인종은 유대인이라고 주장했다. 이들은 유대인뿐만 아니라 집시, 폴란드인, 슬라브인, 공산주의자, 동성애자 등과 같은 '열등 인종'을 몰아내고 말살하려고 했다.

독일은 1935년 법률을 고쳐 유대인은 독일 국민이 될 수 없고, 독일 사람과 결혼할 수도 없으며, 투표에도 참여할 수 없도록 했다. 또 유대인은 독일의 모든 지역에서 유대인임을 표시하는 노란색의 육각형 별을 옷에 달고 다니도록 했다. 이 별은 '다윗의 별'이라고 불렀고, 유대인과 유대교를 상징하는 표시가 되었다. 이 별을 단 유대인은 상점이나 음식점에서 출입을 거부당하거나 길을 걷다가 습격을 받고 매를 맞는 경우도 많았다. 경찰은 이러한 상황을 모르는 척하며 유대인의 피해를 전혀 돌봐주지 않았다. 수많은 도시에서 유대인은 '게토(ghetto)'라는 강제 거주 지역으로 옮겨야 했다. 게토는 철조망으로 둘

아우슈비츠 수용소

러싸여 있었고, 군인들이 감시하는 곳이었다.

　히틀러는 유대인들을 집단으로 수용하는 데 만족하지 않고, 그들을 모두 발살하려고 했다. 강제 수용소는 시간이 지날수록 '집단 학살 수용소'로 바뀌어갔다. 독일이 점령한 지역에 세워진 수백 개의 수용소에서 유대인들이 죽어갔다. 그중 가장 대표적인 곳은 독일의 다하우(Dachau) 수용소와 독일군 점령지였던 폴란드의 아우슈비츠(Auschwitz) 수용소이다.

　독일이 지배하는 유럽 각국의 유대인들은 자기 집이나 게토, 수용소에서 끌려나와 짧게는 며칠, 길게는 2주 이상 밀폐된 열차에서 굶주림과 갈증에 시달리며 수용소로 압송되었다. 수용소에 들어온 유대인들은 선별 과정을 거쳐 '죽을 자'로 분류된 경우 가스실로 들어갔다. 이렇게 죽임을 당한 유대인이 무려 6백만 명이나 되었다. 유대인 외에도 '열등 민족'으로 분류된 집시, 가톨릭 신자, 장애인, 러시아인, 폴란드인, 세르비아인들도 피해를 입었다.

1945년 1월 전쟁이 막바지에 이르자 나치는 대량 학살의 증거를 없애기 위해 막사를 불태우고 건물을 파괴하였다. 그러나 소련군이 예상보다 일찍 도착해 수용소 건물과 막사 일부가 보존된 채 발견되었다. 공개된 수용소에서는 수용자들이 죽기 직전 빼앗겼던 구두와 안경, 모자, 보석 등이 쌓여있었고, 수천 개의 시체 매장지와 미처 파묻지 못한 수천 구의 시신이 발견되었다.

제2차 세계대전이 끝나고 폴란드 의회에서는 이 수용소를 보존하기로 결정하였다. 비르케나우에는 희생자를 위로하는 위령비를 세웠으며, 수용소 자리에는 박물관을 건립하였다. 또 나치의 잔학한 행위에 희생된 사람들을 잊지 않기 위해 유네스코는 1979년 아우슈비츠 수용소를 세계문화유산으로 지정하였다.

└ 전쟁 그리고 기억과 책임

제2차 세계대전은 인류 역사상 가장 피해가 큰 전쟁이었다. 전 인구의 약 20%가 전쟁에 동원되었다. 또한 항공모함, 원자폭탄과 같은 새로운 대량 파괴 무기가 등장하면서 많은 인명과 재산 피해를 남겼다. 군인과 민간인을 합하여 사망자만 5,000만 명이 넘는 참혹한 전쟁으로 민간인 희생자 수가 군인 희생자 수의 2배에 달하였다. 곳곳에서 자행된 학살과 무차별 공습과 폭격, 기아와 질병 등으로 민간인 피해가 더욱 극심해진 것이다.

특히 동유럽 쪽의 피해가 훨씬 컸다. 사망 병사의 비율을 살펴보면, 프랑스인은 200명 중 한 명, 미국인은 500명 중 한 명인 데 반해, 소련인은 22명 중 한 명꼴로 사망하였다. 각국 인구 대비 사망자 비율을 살펴보면 폴란드 14%, 소련 12%, 유고슬라비아 10%인데 비해, 프랑스는 1.5%, 영국과 이탈리아는 1%, 독일은 7%를 잃었다. 독일이 동유럽 지역에서 자행한 대량 학살에서 비롯된 것이다.

한편 미국도 일본의 항복을 받아내기 위해 원자폭탄을 히로시마와 나가사키에 떨어뜨렸고 이로 인해 수많은 사람이 희생되었다. 당시 살아남은 사람들도 오랫동안 후유증을 겪어야만 했다.

이 전쟁은 인류에게 다시는 전쟁이 일어나서는 안 되며, 세계 평화 유지를 위해 적극적으로 노력해야 한다는 자각을 불러일으켰다. 전쟁이 진행되는 동안 연합국 대표들은 카이로, 얄타, 포츠담 등지에서 회담을 열고, 전후 처리와 평화 유지 및 새로운 질서에 대해 논의하였다. 패전 후 독일은 미국, 영국, 프랑스, 소련에 의해 분할 점령되었으며, 일본은 미군의 지배를 받다가 샌프란시스코 조약(1951)을 통해 주권을 되찾았다.

전쟁이 끝나고 독일 뉘른베르크와 일본 도쿄에서는 전쟁 범죄를 처리하기 위한 국제 군사 재판이 열렸다. 이를 통해 침략 선생 자체를 범죄로 규정하고, 전쟁 중 저질러진 비인도적 행위에 대한 처벌이 이루어졌다.

한편 1941년 북대서양의 함상에서 만난 루스벨트와 처칠은 '대서양 헌장'을 공동으로 발표하여 국제연합(UN) 창설을 결정하였다. 1945년 10월 출범한 국제연합은 평화와 안전 유지, 국제 우호 증진

홀로코스트의 또 다른 피해자 집시

유럽에는 전통적으로 정처 없이 유랑하는 민족 집단들이 다수 있는데, 이들을 '유랑민 (travellers)' 또는 '집시(gypsy)'라고 한다. 국제집시연맹은 자신들의 명칭을 'rrom' 혹은 'rroma' 'rromani'로 통일했다. 1995년 11월 유럽의회는 국제집시연맹의 권유로 그들의 공식 서류상에 'rrom'의 사용을 승인했다.

1942년 12월, 히틀러는 모든 집시(로마니)를 강제 추방할 것을 명령했다. 집시들은 주로 폴란드 내 아우슈비츠 비르케나우로 이송 당했고, '집시 가족 수용소'라고 하는 특별 수용동에서 지내야 했다. 이들은 대부분 강제 노동에 시달려야 했으며, 수용소의 열악한 환경으로 병에 걸려 죽는 경우도 많았다. 집시의 일부는 임상 실험 대상이 되기도 했으며, 쓸모가 없는 노인과 여성 및 아이들은 가스실에서 몰살당했다.

제2차 세계대전이 발발하기 전 유럽에는 백만 명에 가까운 집시들이 살고 있었는데 독일과 추축국은 엄청난 인원의 집시들을 학살하였다. 하지만 유럽 각지에서 50만에서 100만 정도가 학살당한 것으로 추정될 뿐 자세한 조사가 이뤄지지 않았다. 역사가들은 독일군과 그 동맹국들이 전체 유럽 집시의 약 25%를 학살했을 것으로 추정한다.

이처럼 홀로코스트 과정에서 유대인 못지않게 많은 집시가 학살당하였다. 집시 집단 학살을 의미하는 '포라이모스(Porajmos)'나 '사무다리펜(Samudaripen)'이라는 표현이 있을 정도다.

독일 정부는 유대인을 학살한 것에 대해 깊이 참회하고 사과하는 것에 비해, 집시들을 학살한 것에 대해서는 별 사과도 없이 지내온 상황이다.

등을 주요 목표로 하였다. 그러나 안전보장이사회의 결의가 총회보다 우선시되었으며, 미국·소련·영국·중국·프랑스 5개 상임이사국들은 거부권을 행사할 수 있었다. 국제연맹과는 달리 침략 국가에 대한 무력 개입이 가능하였으나, 국제연합은 미국과 소련 등 강대국의 이해와 냉전 상황에 좌우되는 등 한계를 노출하기도 하였다.

브뤼셀 유럽 역사의 집

> '유럽 역사의 집' 설립은 유럽인들에게 유럽에 대한 역사 인식을 심화시키기 위해 출발했지만, 무엇보다 그들의 현재와 미래를 이해시키기 위한 당위성에 역점을 두고 있다.
>
> (유럽의회 위원장 푀터링, 2007년 2월 13일)

유럽의회는 '유럽 역사의 집(House of European History)'을 기획부터 설립, 증축에 이르기까지 지원하여 2017년 5월 개관했다. 이곳은 1931년 코닥 사진 발명가인 미국인 이스트먼(George Eastman, 1854~1932)의 재정적 지원을 받아 1934~1935년에 증축된 이스트 건물을 개조한 것이다. 2009년 6월 브뤼셀시가 이 건물을 유럽의회에 기증하면서 '유럽 역사의 집'으로 개조하였다.

벨기에의 수도 브뤼셀에는 유럽연합이 주요 정책들을 결정하는 다수의 유럽 기구들이 밀집해 있다. 그러다 보니 브뤼셀을 유럽의 수도라 부르기도 한다.

유럽 공동체의 시작은 1952년 석탄, 철강 부문 공동 정책으로 제2차 세계대전 이후 경제 복구와 독일의 국제사회 복귀를 통한 전쟁 재발 방지를 위해 벨기에, 프랑스, 서독(독일), 이탈리아, 네덜란드, 룩셈부르크가 모여 만든 유럽석탄철강공동체(ECSC)이다. 유럽

유럽 역사의 집

석탄철강공동체는 지난 반세기 동안 지속적으로 확대되어 현재 27개 회원국(2016년 영국 탈퇴)을 포괄하는 정치체로 발전했다. 유럽 시민들이 선출한 유럽의회를 구성하고 있다.

각기 다른 역사와 문화를 가지고 있는 유럽의 각국은 왜 유럽연합을 결성했을까? 제2차 세계대전 이후 냉전의 시작과 종식, 유럽연합의 형성과 발전 과정을 살펴보자.

⌐ 냉전의 시작과 화해 그리고 종식

냉전의 시작

제2차 세계대전이 끝난 후 미국과 소련의 대립은 본격화되었다. 동

유럽 각국에 공산주의 정부가 들어서고 그리스와 터키 등에서 공산주의 세력이 등장하자, 미국은 트루먼 독트린을 발표하고 터키에 군사적·경제적 지원을 약속하며 공산주의의 확산을 막고자 하였다. 또한 전쟁으로 인해 무너진 서유럽의 경제를 재건하려는 마셜 계획을 발표하고, 서유럽 각국과 군사 방위 체제를 구축하기 위해 북대서양조약기구(NATO)를 결성하였다.

이에 맞서 소련은 코민포름(국제공산당 정보기관)을 만들고 체코슬로바키아를 공산화하였다. 또한 코메콘(COMECON, 경제상호원조회의)을 만들어 동유럽 공산주의 국가에 대한 경제 원조를 강화하였고, 군사 동맹을 강화하기 위해 동유럽 국가들과 바르샤바조약기구(WTO)를 창설하였다. 이로써 미국 중심의 자유민주주의 진영과 소련 중심의 공산주의 진영으로 나뉘어 대립하는 냉전 체제가 시작되었다.

미국과 소련을 중심으로 하는 양 진영의 본격적인 대립은 소련의 베를린 봉쇄에서 시작되었다(1948). 서베를린을 점령하고 있던 미국, 영국, 프랑스가 서독 지역에 새로운 통화 제도를 도입하자, 소련은 서베를린으로 통하는 길을 봉쇄하였다. 독일은 서독과 동독으로 나뉘었으며, 1961년에는 베를린 장벽이 세워졌다. 이후 미소 양국의 핵무기 경쟁, 소련의 쿠바 핵미사일 기지 건설 시도 등 여러 사건을 통해 경쟁을 지속하였다.

냉전 체제는 전쟁으로 이어지기도 했다. 한반도에서 북한의 남침으로 시작된 6·25 전쟁은 자유민주주의 진영과 공산주의 진영의 이념이 본격적으로 충돌한 사건이었다. 베트남에서는 공산당이 지배하는 북베트남과 미국의 지원을 받는 남베트남 간에 전쟁이 발발하였다. 미국은 공산주의 확대를 막는다는 명분으로 참전하였다. 하지만 전쟁이 길어지자 재정 부담이 커지고, 국제적으로 반전 여론도 크게 일어나게 되어 철수하였다. 결국 베트남은 북베트남에 의해 통일되었다.

냉전의 완화 – 데탕트(détente) 시대

제2차 세계대전이 끝난 후 20여 년 가까이 냉전 체제가 지속되다가, 1960년대 후반 국제적으로 긴장 완화(데탕트) 분위기가 조성되었다. 먼저 미국이 긴장 완화 분위기를 만들었다. 바로 '아시아의 방위는 아시아의 힘으로 한다'는 원칙을 담은 닉슨 독트린(1969년)을 발표한 것이다. 이후 미국은 베트남 전쟁에서 철수하였고, 중국과 국교를 수립하였으며, 소련과 전략무기제한협정(SALT)까지 체결하였다.

이러한 긴장 완화의 분위기는 유럽에서도 이어졌다. 서독의 빌리 브란트 총리는 동방 정책을 통해 동독 및 동유럽 국가와 관계 개선을 위해 노력하였고, 일부 서유럽 기업은 소련에 진출하였다. 또한 서유럽 국가들은 유럽경제공동체(EEC)를 결성하였고, 프랑스는 미국이 주도하는 북대서양조약기구에서 탈퇴하였다.

한편 공산주의 진영에서도 변화가 나타났는데 소련과 중국은 사회주의 이념에 대한 해석 논쟁과 국경 분쟁으로 관계가 나빠졌다. 또한 헝가리와 체코슬로바키아에서는 소련에 반대하는 대규모 봉기가 발생하여 동유럽에 대한 소련의 지배가 흔들리기 시작했다.

냉전의 종식 – 소련의 변화와 해체

1985년 소련의 공산당 서기장으로 선출된 고르바초프는 개혁(페레스트로이카)과 개방(글라스노스트)을 내세우며 시장 경제와 정치 민주화의 도입을 추진하였다. 또한 공산당의 권력을 축소하고 언론 통제를 완화하였으며, 시장 경제 제도를 받아들여 기업의 활동을 활성화시켰다. 그리고 동유럽 국가들에 대한 불간섭 선언을 발표하여 동유럽의 자유화를 촉진하였다. 이러한 소련의 개혁·개방은 다른 동유럽 국가에도 영향을 미쳤다. 동유럽 국가들은 공산주의 체제를 버리고 민주주의 정치와 자본주의 시장 경제를 받아들이기 시작하였다.

1989년 12월 미국의 부시 대통령과 소련의 고르바초프가 몰타에서 회담을 열었다. 양국 정상은 이 회담에서 제2차 세계대전 이후의 냉전 체제를 종식하고 평화를 지향하는 새로운 세계 질서를 수립한다는 역사적 선언을 하였다.

∟ 유럽 공동체의 시작과 통합

유럽은 제2차 세계대전 이후 유럽 국민 국가들 간의 경제 협력과 평화 정착을 위해 유럽 통합을 추진하였다.

1950년 5월 9일 프랑스는 독일과 경제적 협력뿐만 아니라 정치적 화해를 시도하는 의미에서 석탄과 철강의 생산과 판매를 공동으로 관리할 것을 제안하였다. (1985년 유럽연합은 이날을 '유럽의 날'로 공식 지정하였다.)

유럽연합

유럽연합

이 제안을 계기로 프랑스, 독일 등 서유럽 6개국이 참가한 유럽석탄철강공동체(ECSC)가 결성되었고(1952), 이후 범위를 경제 분야로 확대해서 지역 내 관세 철폐, 공동 시장 창출 등을 목적으로 하는 유럽경제공동체(EEC)를 공식 출범하였다(1958). 그리고 이것은 오늘날 유럽연합의 모태가 되었다.

1967년 유럽경제공동체는 유럽석탄철강공동체와 유럽원자력공동체를 통합해 유럽공동체(EC)로 발전하였고, 유럽재판소와 유럽의회 등을 설치하였다.

이후 1993년 11월 1일 마스트리히트 조약의 발효와 함께 유럽공동체는 유럽연합(EU)으로 발전하였다. 이 조약에 따라 유럽 시민권이 도입되고 유럽 공동 화폐인 '유로'가 통용되어 유럽의 경제 통합이 크게 진척되었다.

유럽연합의 창립 목적은 유럽 내 단일 시장의 구축과 단일 통화의 실현을 통하여 유럽의 사회와 경제를 발전시킨다는 것이다. 아울러 공동 방위를 위하여 공동 외교·안보 정책을 시행하고, 국제 사회에서 유럽의 이해를 제고하는 것이다.

> 유럽연합(EU, European Union)은 1993년 1월 1일 발효된 마스트리히트 조약에 의해 공식 출범하였다. 2007년에 27개국으로 회원국이 늘었으며, 현재 몇 나라가 가입을 추진 중이다.
>
> 1951년 4월 18일 프랑스, 독일, 이탈리아, 벨기에, 네덜란드, 룩셈부르크 등 6개국이 유럽석탄철강공동체(ECSC)를 설립한 이래, 경제공동체를 구성하기 위한 노력이 꾸준히 이어져 1957년 유럽경제공동체(ECC)

브렉시트, 흔들리는 EU

'브렉시트(Brexit)'는 '영국(Britain)'과 '탈퇴(Exit)'의 합성어로 영국의 유럽연합(EU) 탈퇴를 의미하는 말이다. 영국은 유럽연합에 속해 있지만, 정치적 공동체를 결성하는 데는 반대 입장을 취했고, 화폐도 유로화가 아닌 파운드화를 사용하면서 경제적으로 독자적인 움직임을 보였다. 여기에 이민과 복지 등의 정책에서 회원국들의 독자성을 요구했다.

결국 영국은 2016년 6월 23일 유럽연합 탈퇴 여부를 결정하기 위한 국민 투표를 실시했다. 그 결과 영국 국민은 총 72.2%가 투표, 'EU 탈퇴' 51.9%(1741만 742표), 'EU 잔류' 48.1%(1614만 1241표)로 탈퇴를 가결했다. 사실 영국 내에서는 '잔류' 쪽 표가 우세할 것이라고 분석했지만, 막상 예상을 뒤엎는 결과가 오자 영국은 물론 유럽연합(EU) 전체가 충격에 빠졌다.

데이비드 캐머런 영국 총리는 투표 결과에 책임을 지고 사임하겠다고 밝혔다. 영국 국민들 사이에서는 '리그렉시트'(Regrexit, Regret+Brexit, 브렉시트를 후회한다)라는 신조어가 퍼지기도 하였다.

이로써 영국은 1973년 유럽연합(EU)의 전신인 유럽경제공동체(EEC)에 가입한 지 43년 만에 유럽 공동체에서 탈퇴를 결정한 것이다. 세계 5위의 경제 대국으로 유럽연합의 전체 경제 규모 중 15% 이상을 차지하는 영국의 탈퇴는 유럽연합에 큰 타격이 될 수밖에 없다. 그만큼 많은 논란이 예상되었기 때문에 이후에도 영국 내에서도 잔류파와 탈퇴파가 팽팽히 맞서고, 영국 정부와 유럽연합 사이에 합의가 진행되면서 브렉시트는 2020년 1월 31일까지 연기되었다.

이후 2020년 1월 9일 영국 하원에서 브렉시트 탈퇴가 확정되었고, 29일 유럽연합 의회에서 영국 탈퇴 협정이 비준되면서 1월 31일 영국의 탈퇴가 최종적으로 확정되었다.

영국의 유럽연합(EU) 탈퇴가 다른 국가로 확산될 수 있다는 전망도 나오고 있기 때문에 앞으로의 상황을 예의주시할 필요가 있다.

가 출범한 데서 기원을 찾을 수 있다. 2007년에 리스본 조약을 통하여 상임의장인 EU 이사회 의장직과 외교안보정책 고위대표직을 신설하여 통합성을 제고하였다.

－사료는 1992년 2월 7일 수정된 유럽연합에 관한 조약[Treaty on European Union, Europa Website, 〈htpp://europa.eu.int/en/rocord/mt/top/html〉]이다. http://blog.naver.com/tobydog/20113710836

1999년 1월에는 유럽경제통화동맹(EMU, EuropeanEconomic and Monetary Union)이 공식 출범하면서 EMU 참가국은 유로(Euro)라는 단일 화폐를 사용하여 경제적 통합을 추구하였다. 유럽연합의 회원국 수도 꾸준히 증가하여 2020년 현재 27개국, 약 5억의 인구가 가입한 정치·경제 연합체로 발전하였다.

박물관 옆 사회교실

펴낸날	초판 1쇄 2021년 12월 10일

지은이	이두현·김선아·권미혜·박남범·김태호·윤창희·이준희·조정은·임선린
펴낸이	심만수
펴낸곳	(주)살림출판사
출판등록	1989년 11월 1일 제9-210호

주소	경기도 파주시 광인사길 30
전화	031-955-1350 팩스 031-624-1356
홈페이지	http://www.sallimbooks.com
이메일	book@sallimbooks.com

ISBN 978-89-522-4333-1 43300

살림Friends는 (주)살림출판사의 청소년 브랜드입니다.